親鸞 100の言葉

われわれを導く「本物」の言葉

釈 徹宗 監修

宝島社

親鸞 100の言葉

釈 徹宗 監修

はじめに

「親鸞《しんらん》の言葉」といえば、「善人なおもて往生《おうじょう》をとぐ。いわんや悪人をや」「親鸞は弟子一人《いちにん》ももたず候《そうろ》ふ」「如来大悲《にょらいだいひ》の恩徳《おんどく》は身を粉《こ》にしても報ずべし」など、『歎異抄《たんにしょう》』や「和讃《わさん》」の文言《もんごん》がよく知られている。ときには信心の喜びを語り、ときには内面に潜む影を吐露する親鸞。

親鸞は著作も多く、また親鸞にまつわる伝承も少なくない。それなのに、本書のようなスタイルで親鸞から「100の言葉」を抽出するのはなかなか難しいものがある。理由はいくつか挙げられる。まず、親鸞は経典・論釈書の引用が多いのだ。これは日本仏教における伝統的な学問の手続きを踏んでいるためである。引用と合わせて紹介しなければわかりにくい言葉が少なくない。だから、ワンフレーズを抽出するのが難しい。

また、親鸞は自分に関することがらをほとんど書き残していない。だからモノローグ的な言葉があまり見当たらない。さらに、親鸞の思想体系は壮大であるが、彼の歩んだ道はとてもシンプルであった。「阿弥陀仏の本願を信じ、念仏申さば、仏に成る」というものである。難しいことは何もない。だから、同じような内容をくり返すことになる。

そのような事情のなか、本書に関わった人々が素直な目線で拾い上げた親鸞の言葉の数々。少々思い切ってわかりやすく解釈しているところもあるが、いずれをとっても本物の言葉である。

本書では、「おまかせすれば、その身のままで救われる」と、そのいっぽうで「つねに自分が厳しく問われる」ことが、くり返し出てくる。それが親鸞思想の基盤であるからだ。この二つがずっと緊張状態を保ったまま展開されるところに、親鸞の特性がある。ここに注目していただければ幸いである。

たとえば、後者の「つねに自分が厳しく問われる」という面について、次のような事例は象徴的だ。親鸞の師・法然《ほうねん》が依拠した善導。その善導の文章に「不得外現賢善精進之相内懐虚仮」（「散善義《さんぜんぎ》」）というものがある。これは、「外《ほか》に賢善精進《けんぜんしょうじん》の相を現し、内に虚仮《こけ》を懐《いだ》くことを得ざれ」（外面は賢く善人で精進しているように見せかけておいて、心のなかにニセモノを懐いていてはいけない）と読む。しかし、これを親鸞は、「外に賢善精進の相を現ずることを得ざれ、内に虚仮を懐ければなり」（賢善精進の姿を現してはいけない、なぜなら内面はニセモノなのだから）と読み変えているのだ（本文52〜53ページ参照）。親鸞はおのれの宗教体験の上で改読するのである。親鸞にはそのようにしか読めなかったである。いかに外面を繕《つくろ》い知性を表象しても内面は虚仮なのだ、というのが親鸞の立ち位置であった。

親鸞の言葉には誤魔化しや取り繕いがない。まさに本物の言葉である。本物の言葉は身体に潜む。われわれは本物の言葉に出会わねばならない。そのときはあまりピンと来なくても、それが身体に潜んでいて、絶体絶命のとき、どん底のときに浮かび上がるのだ。そしてわれわれを導いてくれる。だからこそ、いつの世も、人は親鸞を求める。

本書がその糸口になることを願っている。

浄土真宗本願寺派如来寺住職・相愛大学教授　**釈徹宗** 監修

第2章 内面を見つめる

第3章 救われる喜び

第6章 老いの苦悩

第7章 他力の教え

カバーデザイン　妹尾善史（landfish）
本文デザイン　小河原 徳（c-s）
編集・構成・DTP　クリエイティブ・スイート
執筆　菅野秀晃、日頭真子

第1章
親鸞聖人の立脚点

『親鸞の言葉01』悪人だから往生できる

善人なほもつて往生をとぐ。
いはんや悪人をや。
しかるを世のひと
つねにいはく、
「悪人なほ往生す。
いかにいはんや善人をや」。

善人すら
往生できるのだから、
悪人が往生できるのは
当然だ。しかし
世間の人々はふつう、
「悪人すら
往生できるのだから、
善人が往生できるのは
当然だ」と考える。

『歎異抄《たんにしょう》』第三条

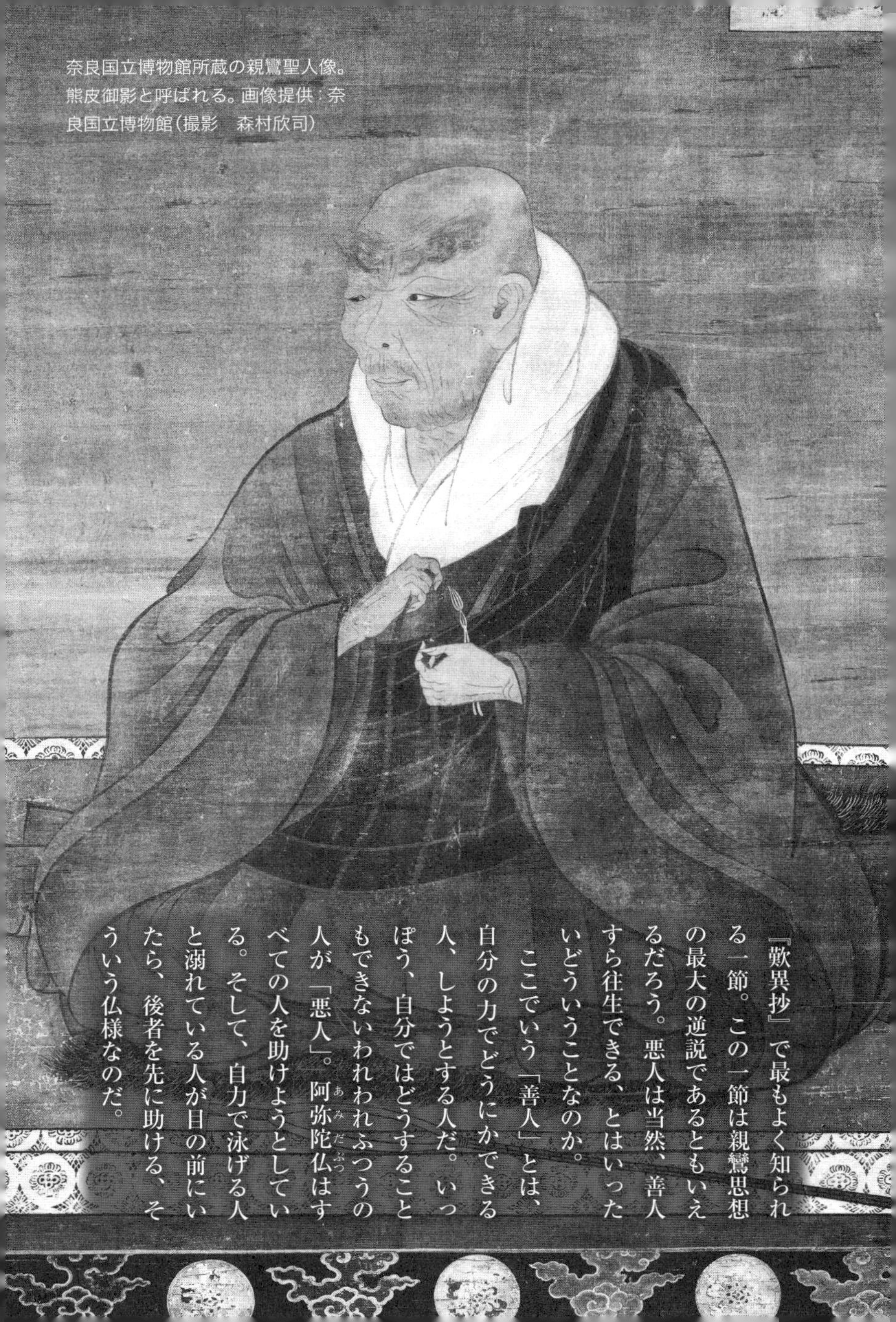

奈良国立博物館所蔵の親鸞聖人像。熊皮御影と呼ばれる。画像提供：奈良国立博物館（撮影　森村欣司）

『歎異抄』で最もよく知られる一節。この一節は親鸞思想の最大の逆説であるともいえるだろう。悪人は当然、善人すら往生できる、とはいったいどういうことなのか。

ここでいう「善人」とは、自分の力でどうにかできる人、しようとする人だ。いっぽう、自分ではどうすることもできないわれわれふつうの人が「悪人」。阿弥陀仏《あみだぶつ》はすべての人を助けようとしている。そして、自力で泳げる人と溺れている人が目の前にいたら、後者を先に助ける、そういう仏様なのだ。

『親鸞の言葉02』自力から他力の教えへ

しかるに愚禿釈《ぐとくしゃく》の鸞《らん》、
建仁辛酉《けんにんかのとのとり》の暦《れき》、
雑行《ぞうぎょう》を棄てて本願に帰す。

愚禿釈の親鸞は、
１２０１年（建仁元年）に
それまでの自力の行を捨てて本願に帰した。

『顕浄《けんじょう》土《ど》真実教行証文類《しんじつきょうぎょうしょうもんるい》』後序

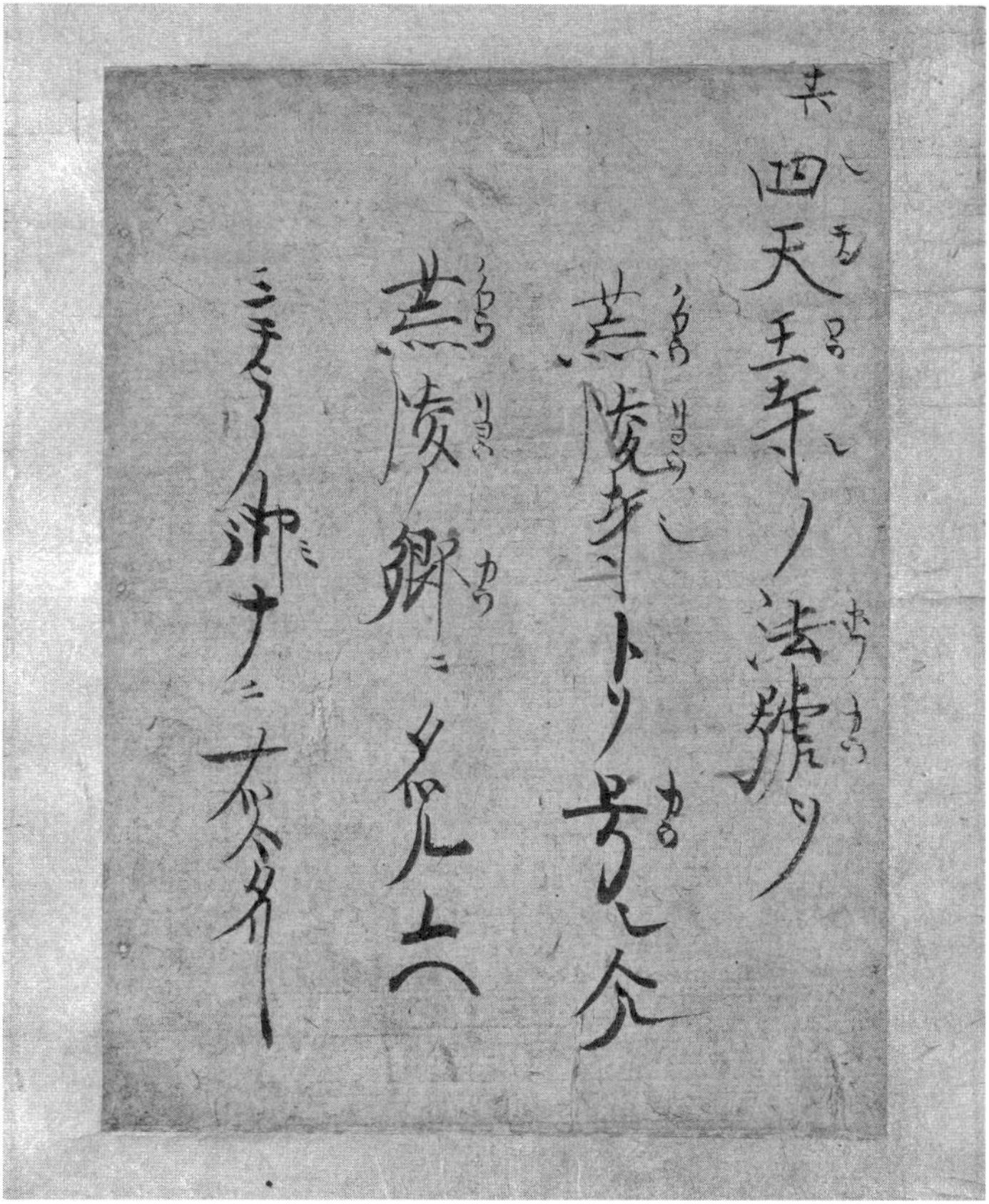

龍谷大学所蔵の親鸞直筆「皇太子聖徳奉讃」。親鸞は聖徳太子をとても尊敬していた

比叡山《ひえいざん》で20年も修行をしていた親鸞は29歳のとき、自力の教えに限界を感じ、京都の六角堂へ籠もる。そこで救世《ぐぜ》観音《かんのん》の「お前が女性と交わるのなら、私が女性となろう」という夢告《むこく》を受けたといわれる。

　そして親鸞は法然《ほうねん》の教えと出会う。人間の奥底に潜む影と向き合い続けていた親鸞に「その身のままで救われる」という教えは大きな転機をもたらした。それは、新たな人間に生まれ変わるような体験であった。

親鸞の言葉03 弥陀の本願はあらゆる人に

弥陀《みだ》の本願《ほんがん》には、老少・善悪のひとをえらばれず、ただ信心を要《よう》とすとしるべし。

「すべての人を救いたい」という阿弥陀仏の願いは、老人でも若者でも、また善人でも悪人でも、いかなる人をも分け隔てない。ただただ、その願いを信じることが大事だと知ろう。

『歎異抄』第一条

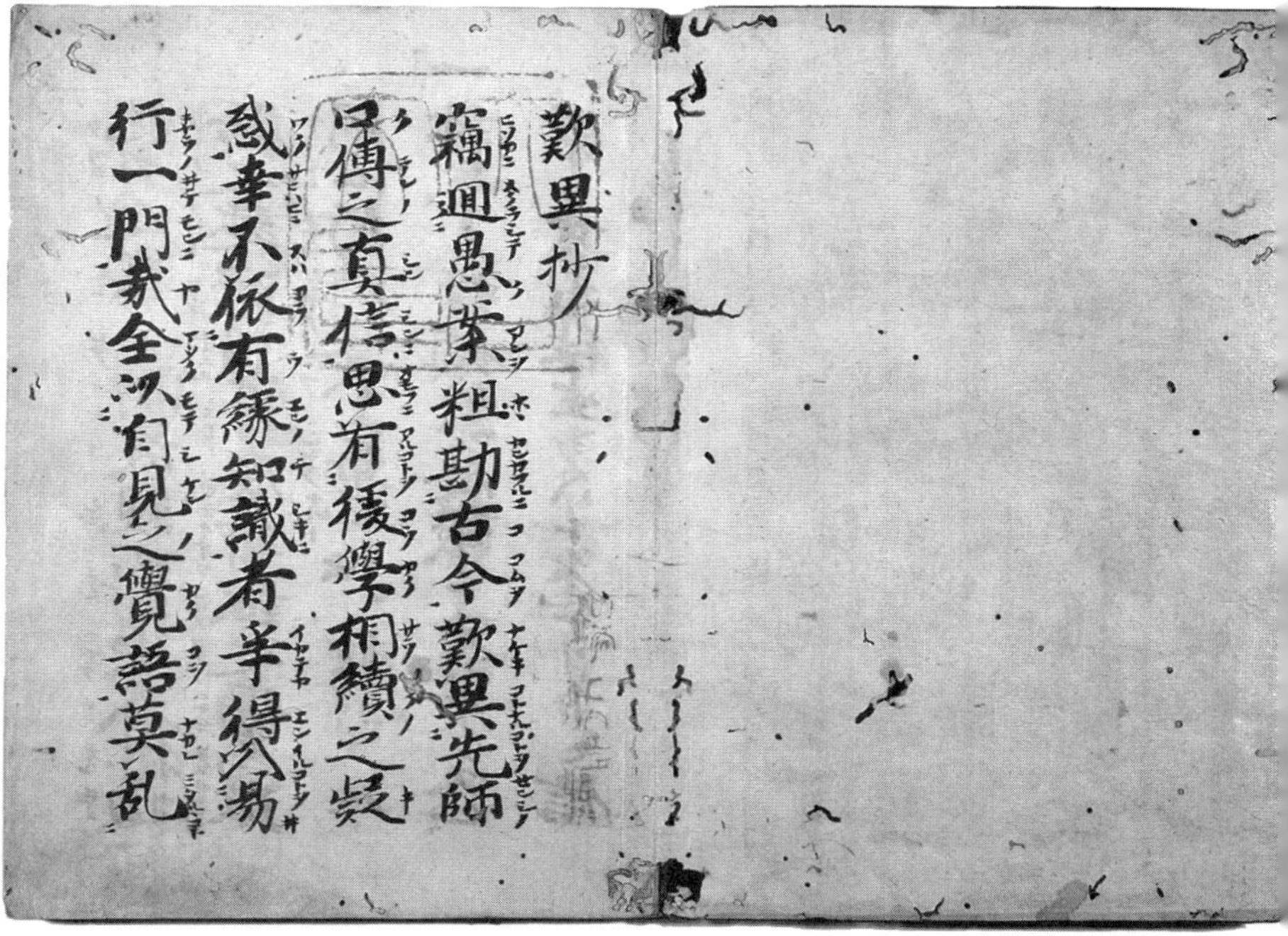

大谷大学博物館所蔵『歎異抄』写本。本品は最古の写本とされる蓮如写本を1519年に写したもの

短いなかに浄土真宗の教えの肝要が表現されているのが『歎異抄』第一条だ。「阿弥陀仏による救済の願いや誓いの力に導かれ、極楽浄土を信じて念仏を称《とな》えようとするとき、ただちに救われる」と、冒頭から核心に迫る。

そして「救われる対象はあらゆる人だ」という言葉が続く。阿弥陀仏の誓いで最も重要なのが「極楽浄土を願って念仏する人すべてを救う」というもの。どちらも親鸞が語り続けた浄土の教えの本質そのものだ。

『親鸞の言葉04』ただ信じること

涅槃《ねはん》の真因はただ信心をもってす。

悟りの境地に至るための本当の手立てはただ一つ、信心だけである。

『顕浄土真実教行証文類』信文類

西本願寺所蔵の親鸞聖人御絵伝第２幅第２段「信行分判《しんぎょうぶんぱん》」の場面（部分）。親鸞は法然門下の僧に対し信（弥陀の本願を信じること）と行（念仏すること）どちらが大切かを尋ねた。親鸞は信を選び、法然も信を選んだという

弥陀の本願に「至心《ししん》・信《しん》楽《ぎょう》・欲生《よくしょう》」とある。至心は弥陀の真実の心。信楽とは弥陀の救いの働きを疑うことなく信じる心。欲生とは弥陀が浄土へと生まれさせようとする心であり、往生が定まって安心した心。これを三心という。浄土真宗の七高僧《しちこうそう》である天親《てんじん》菩薩《ぼさつ》はこれらを合わせて一心としている。

つまり、つき詰めれば、弥陀の本願（人々を救うために起こした誓願）を信じ、すべてを阿弥陀仏におまかせすること、それが往生へと至る道なのだ。

親鸞の言葉05 信心を得た人は釈迦の友

この信心の人を釈迦《しゃか》如来《にょらい》は、「わが親しき友なり」とよろこびまします。

この信心を得た人を、
釈迦如来は
「私の親しい友である」
と喜んでいるのだ。

『親鸞聖人御消息』第六通

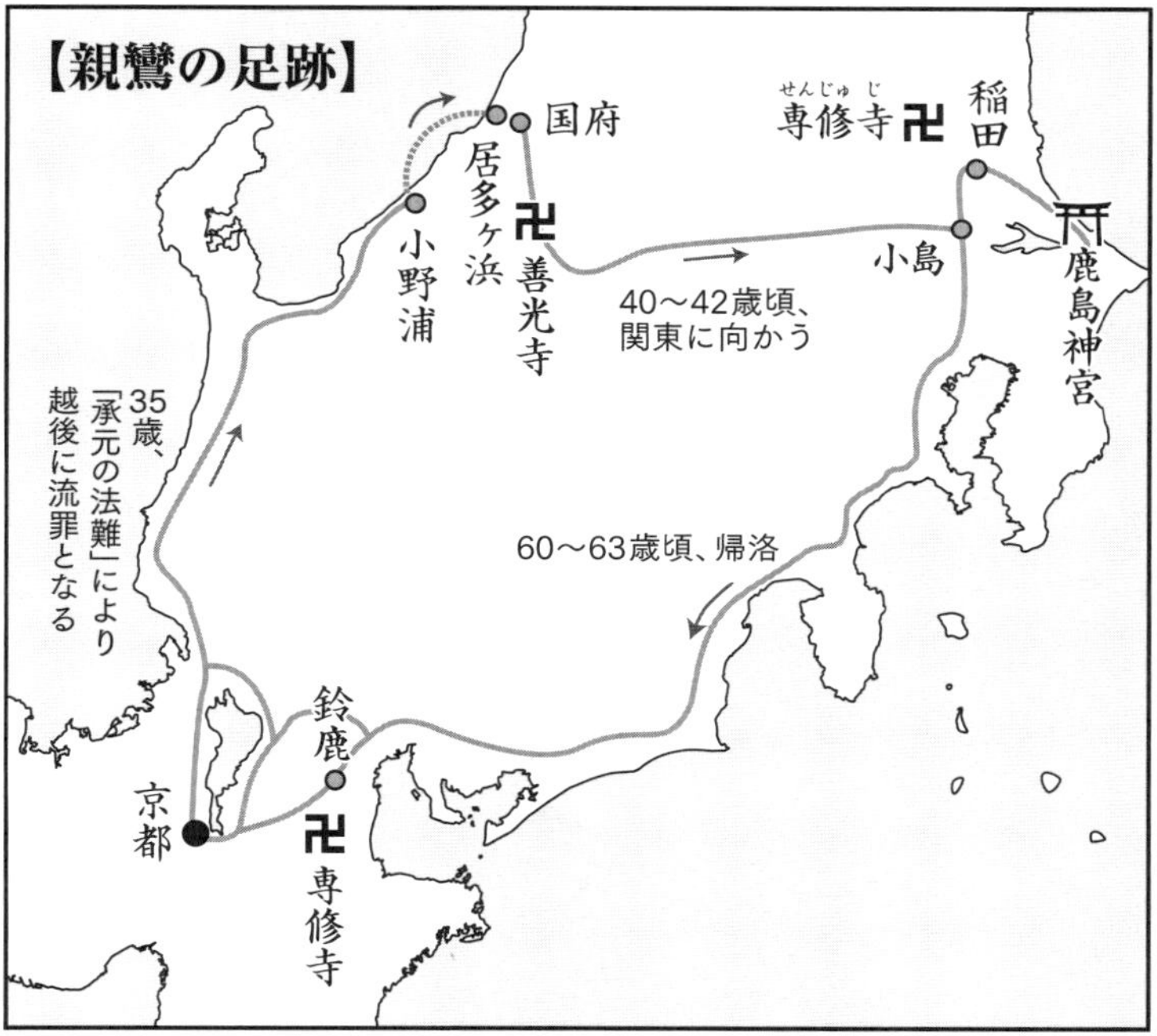

釈迦と同じように親鸞も長い布教の旅をへて多くの同朋を得た

他力の教えでは、ただ一心に阿弥陀仏がすべてを救ってくださるということを信じなさいと説いている。そのように疑いなく信じることができる心を信心という。これを得た人を釈迦如来は「私の親しい友」だと思っているはずだと親鸞はいう。

前を歩き、師として先導するのではなく、共に歩み、そばに寄り添ってくれる友のような存在。偉大ではあるが、同時に親しみやすい存在でもあると親鸞は感じていたのだろう。

『親鸞の言葉06』はからいを捨てよ

念仏には無義《むぎ》をもって義とす。

念仏においては、
はからいのないことが教義である。

『歎異抄』第十条

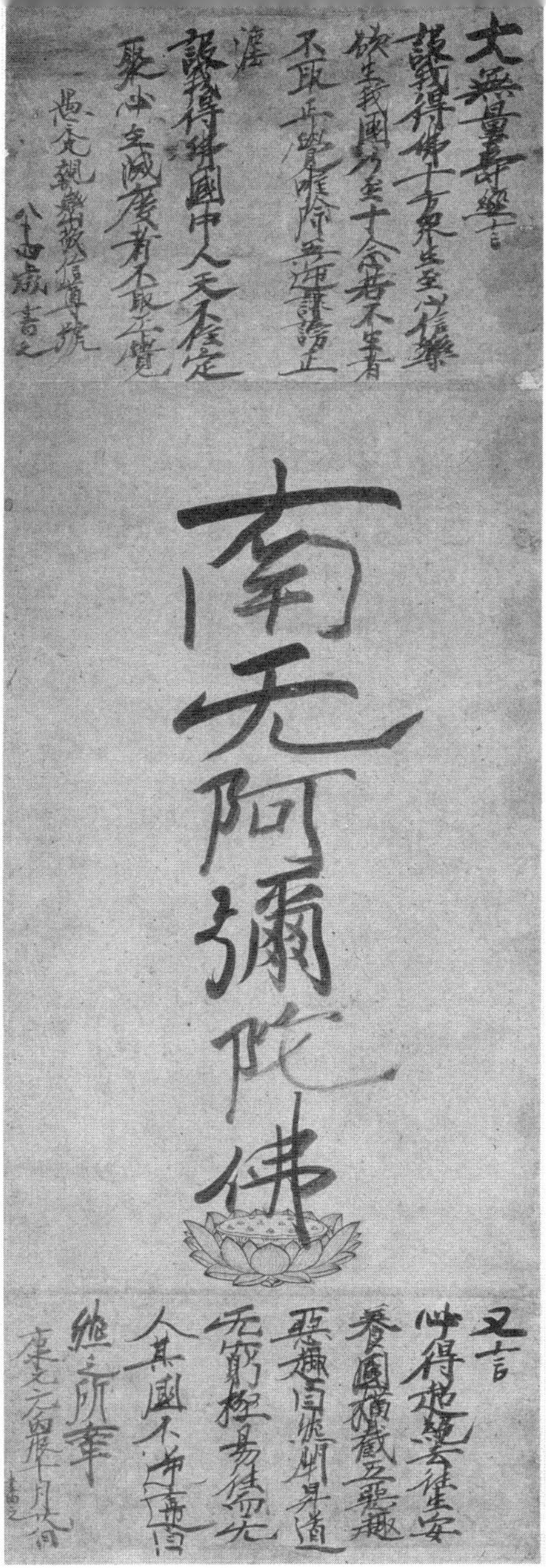

とてもシンプルな言葉だが、ある意味ではこの言葉にすべてが詰まっている。義とははからいを意味する。つまり自分の都合のよいように判断してしまうことだ。人間の知性ではこの世のすべてを思いはかることはできないのだから、身を任せなさいというのだ。

また、高度な学問や修練がなくとも救われるということでもある。「長年にわたって仏教の教義・教学を身につけなければ、本物の念仏にならない」などということはないのだ。

六字名号《みょうごう》。西本願寺蔵。親鸞筆。西本願寺の本尊、阿弥陀仏に帰依《きえ》するという意味になる

親鸞の言葉07 往生か地獄かはわからない

念仏は、まことに浄土に生《うま》るるたねにてやはんべらん、また地獄におつべき業《ごう》にてやはんべるらん、総じてもつて存知《ぞんじ》せざるなり。

念仏のおかげで極楽浄土に往生できるのか、
それとも念仏することで
地獄に落ちてしまうのか、
私にはまったくわからないのです。

『歎異抄』第二条

西本願寺所蔵の親鸞聖人御絵伝第1幅第3段「吉水入室」(部分)。
親鸞が法然の布教の中心地、吉水草庵におもむく場面だ

危険をおして遠路はるばる親鸞を訪ねて来た関東の同朋たち。彼らから念仏以外にも往生できる特別な方法があるのではないかと問われた親鸞は「ただ念仏するのみ。法然聖人の言葉を信じるだけだ」と答えている。

そしてさらにこの言葉が続く。念仏して往生するか地獄に落ちるか、そんなものは知らんと一蹴するのだ。親鸞の、他力念仏の教えという軸がけっして動かないことがよくわかる力強い言葉だ。

親鸞の言葉08 地獄を覚悟で歩む念仏の道

いづれの行《ぎょう》もおよびがたき身なれば、とても地獄は一定《いちじょう》すみかぞかし。

どんな修行も十分にこなせない、
私のようなできの悪い人間には、
もう地獄にしかすみかがないのです。

『歎異抄』第二条

「北野天神縁起絵巻《きたのてんじんえんぎえまき》」のなかでも地獄の様子を描いた七巻。
本写真は小堀鞆音《こぼりともと》らによる模本

「念仏で往生できるか地獄行きかなぞ知らん」といってのけた親鸞は、こう続ける。「法然聖人の仰せに従い、念仏で地獄に落ちたとしよう。もし自力で修行に励んで成仏できていた人ならだまされたと思うかもしれないが、私はけっして後悔しない」というのだ。

自力で道を開けない自分にはこの道しかない。この言葉からは、地獄行きの覚悟さえ見えてくる。それでいながら仏の救いを確信していることも感じられる不思議な強さをもつ言葉だ。

親鸞の言葉09 信じるか否かは自分次第

詮《せん》ずるところ、
愚身《ぐしん》の信心におきては
かくのごとし。
このうへは、念仏をとりて
信じたてまつらんとも、
またすてんとも、
面々の御《おん》はからひなりと云々《うんぬん》。

つきつめれば私の信心
以上のようなものです。
このうえは、
念仏の教えを信じて
進むのか、あるいは
捨ててしまうのかは、
あなたたち
ご自身で決めてください。

『歎異抄』第二条

西本願寺所蔵の親鸞聖人御絵伝第3幅第1段「念仏停止《ねんぶつちょうじ》」(部分)。ときの上皇からの停止命令にも屈せず親鸞は念仏を広め続けた

『歎異抄』第二条の最後を飾るフレーズだ。自身の念仏に対する考え方を裏表なく語った親鸞は、この言葉で同朋たちへの応答を締めくくる。

教えに対する疑念を晴らしたいと必死な様子の同朋とは対照的に、「ただ念仏することが私のすべて」と、ただ愚直に語る親鸞だった。そして最後には「どうぞそれぞれで決めてください」という。そのあっさりとした語り口が、かえって強い覚悟を際立たせているように思える。

『親鸞の言葉 10』この世の愛も情けも不完全

今生《こんじょう》に、いかに
いとほし不便《ふびん》とおもふとも、
存知《ぞんじ》のごとくたすけがたければ、
この慈悲始終《しじゅう》なし。

どんなにかわいそうだ
気の毒だと思っても、
思いどおりに助けることなんてできないのだから、
そんな慈悲の気持ちは不完全なものだ。

『歎異抄』第四条

恵信尼《えしんに》絵像。恵信尼は親鸞の妻とされる人物。親鸞は仏となったらまずは身近な人から救えともいっている

どんなに愛や情を注いで慈しみの心で尽くしても、善い行ないをしても、それは不完全なものだ。そんな慈悲では人を救うことはできないと親鸞はいう。

だが何も親鸞は善行を否定しているというわけではない。「どんな善行にも、自分の都合が混じっている」と自覚しなさいといっているのだ。いい気になって大切なものを見失うなと。その自覚をもって念仏を続け、仏となってすべてを救うことこそ浄土真宗の目指す慈悲なのだ。

親鸞の言葉11 弟子ではなく同朋

専修念仏《せんじゅねんぶつ》のともがらの、
わが弟子、
ひとの弟子といふ
相論《そうろん》の候《そうろ》ふらんこと、
もつてほかの子細《しさい》なり。
親鸞は弟子一人《いちにん》ももたず候ふ。

阿弥陀仏の誓いを信じて
念仏を称《とな》えている
同朋の間で、
自分の弟子だ、
他人の弟子だという
争いがあるようだが、
これはとんでもない
ことだ。
親鸞は弟子を
ひとりももっていない。

『歎異抄』第六条

浄土真宗の開祖ともいわれる親鸞。それほどの人なのだから大勢の弟子がいたはずだが、親鸞にいわせると弟子などひとりもいないということになる。

なぜなら自分の指導力で念仏を称えさせているのであれば弟子ともいえようが、皆、阿弥陀仏の導きによって念仏を称えているからだ。それを自分の弟子などというのは思い上がりも甚《はなは》だしいと。親鸞は自分のもとに集まった人たちは同朋・同行だととらえていたのだ。

龍谷大学所蔵の「阿弥陀如来像（方便法身尊形像）」。蓮如による裏書きがされている

親鸞の言葉12 喜ばないから往生できる

よくよく案じみれば、
天にをどり
地にをどるほどに
よろこぶべきことを、
よろこばぬにて、
いよいよ往生は一定《いちじょう》と
おもひたまふなり。

よくよく考えると、
仏に救われるということは
天に踊り地に踊るほど
喜ばしいことなのに、
それを喜べないということは、
いよいよ
浄土に生まれることが
決定していると。

『歎異抄』第九条

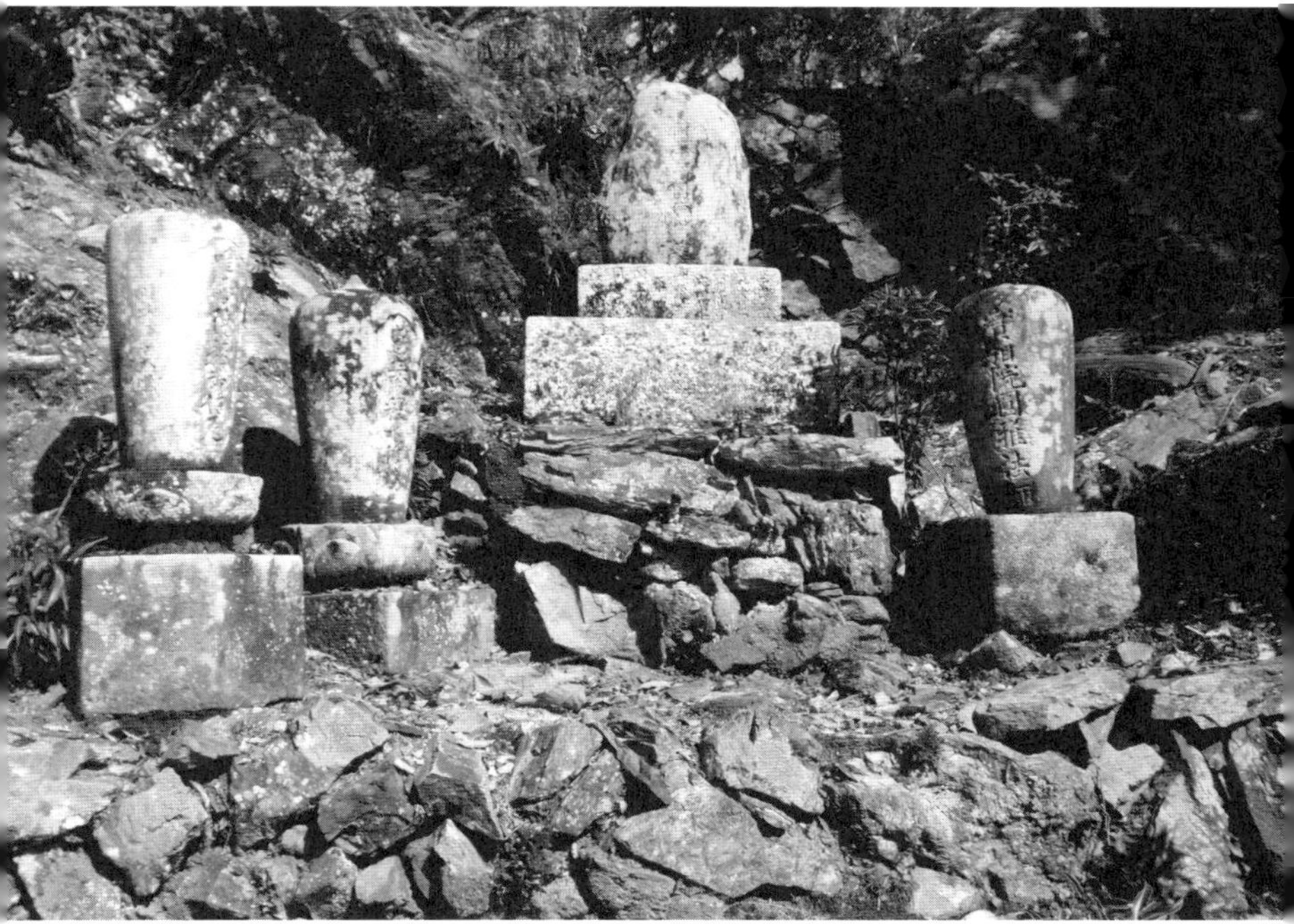

奈良県にある唯円開基の寺・立興寺にある唯円の墓

信心を得て、浄土へと生まれることが決定したならば、それはとても喜ばしいことだ。それこそ踊りだしたくなるほどうれしいことだろう。なのに、少しもそんな気持ちになれないと苦悩する唯円《ゆいえん》に対して、親鸞は自分もそうなのだといってのける。

しかし親鸞は、だからこそ自分たちは救われるともいう。人はこの世にしがみつく。しかし、仏は人間がそんな愚かな存在だと知っている。そういう人間を救おうとしてくれているのだ。

親鸞の言葉13 煩悩のある人こそ救う

久遠劫《くおんごう》より
いままで流転《るてん》せる
苦悩の旧里《きゅうり》はすてがたく、
いまだ生れざる
安養浄土《あんにょうじょうど》は
こひしからず候《そうろ》ふこと、
まことによくよく
煩悩《ぼんのう》の興盛《こうじょう》に候ふにこそ。

はるかな昔からこれまで
生き死にをくり返してきた
苦悩に満ちた
この世界は捨てがたく、
一度も行ったことのない
浄土の世界を
恋しく思うことはできない。
煩悩が盛《さか》んであるからだ。

『歎異抄』第九条

われわれは煩悩の虜《とりこ》だ。煩悩というのは、心身を乱し、悩ませる心の働きであり、悟りへの道を妨げるものである。煩悩のない浄土の世界へのあこがれが湧かないのも、この煩悩のせいだという。

ではあこがれが湧かないと駄目なのか？ そうではない。そのような煩悩にまみれた人こそ阿弥陀仏はいとおしく思い、救ってくれるのだと親鸞はいう。凡《ぼん》夫《ぶ》としての姿をさらけ出し、救いへの確信を告白する、じつに親鸞らしい言葉だ。

越後（現在の新潟県）に流された親鸞が最初に訪れた地には見真堂というお堂が建ち、坐像が安置される。林正寺《りんしょうじ》写真提供

親鸞の言葉14 弥陀の本願は親鸞のため

弥陀の五劫思惟《ごこうしゆい》の願を
よくよく案ずれば、
ひとへに
親鸞一人《いちにん》がためなりけり。

阿弥陀仏が五劫という
長い時間を考えて立てられた
本願をよく考えてみると、
それはこの親鸞を救うためにあったのだ。

『歎異抄』後序

栃木県の本寺専修寺が所蔵する阿弥陀如来像。栃木県の重要文化財。本寺専修寺写真提供

衝撃的な一言だ。修行僧ではないふつうの人々をも救おうという阿弥陀仏の本願を信じ、それを広めようとした親鸞の言葉とは思えない、と感じる人もいるのでは。親鸞はそれほど特別な存在なのか。いや、違う。

親鸞はむしろ、自分は愚かな存在であることを徹底的に自覚していた。他力の教え以外に救われる道がないとわかっていたのだ。親鸞にとって「阿弥陀仏の本願」はまさに自分のためにあった。その道に出会えた喜びの言葉でもあろう。

親鸞の言葉15 仏の定めた善と悪

善悪のふたつ、総じてもつて存知《ぞんじ》せざるなり。

私は善と悪、
二つの事柄について
何も知らないのだ。

『歎異抄』後序

親鸞は出家後、約20年の間、天台宗の総本山比叡山で修行に明け暮れた。
写真は阿弥陀堂と東棟。比叡山写真提供

親鸞ほどの人間がものの善悪がわからない、というのだろうか。しかしここでいう善悪というのは一般的な善悪のことではない。仏の目から見た善悪のことをいっているのだ。われわれの考える善や悪は、「自分の都合」を通して判断しているようなものである。本当の善とは何か、悪とは何か、仏でなければわからないのではないか。「自分の都合」で構築されたこの世のすべては嘘偽りにまみれたものだ。だからこそ親鸞は何が善で悪なのかわからない、といったのだ。

『親鸞の言葉16』信心への道は険しく難しい

善知識《ぜんぢしき》にあふことも
をしふることもまたかたし
よくきくこともかたければ
信ずることもなほかたし

真実の教えを説く善き指導者に出会うことも、
師となり教え導くことも難しい。
真実の教えをよく聞くことも難しければ、
信じることはなお難しい。

三帖和讃『浄土和讃』大経讃

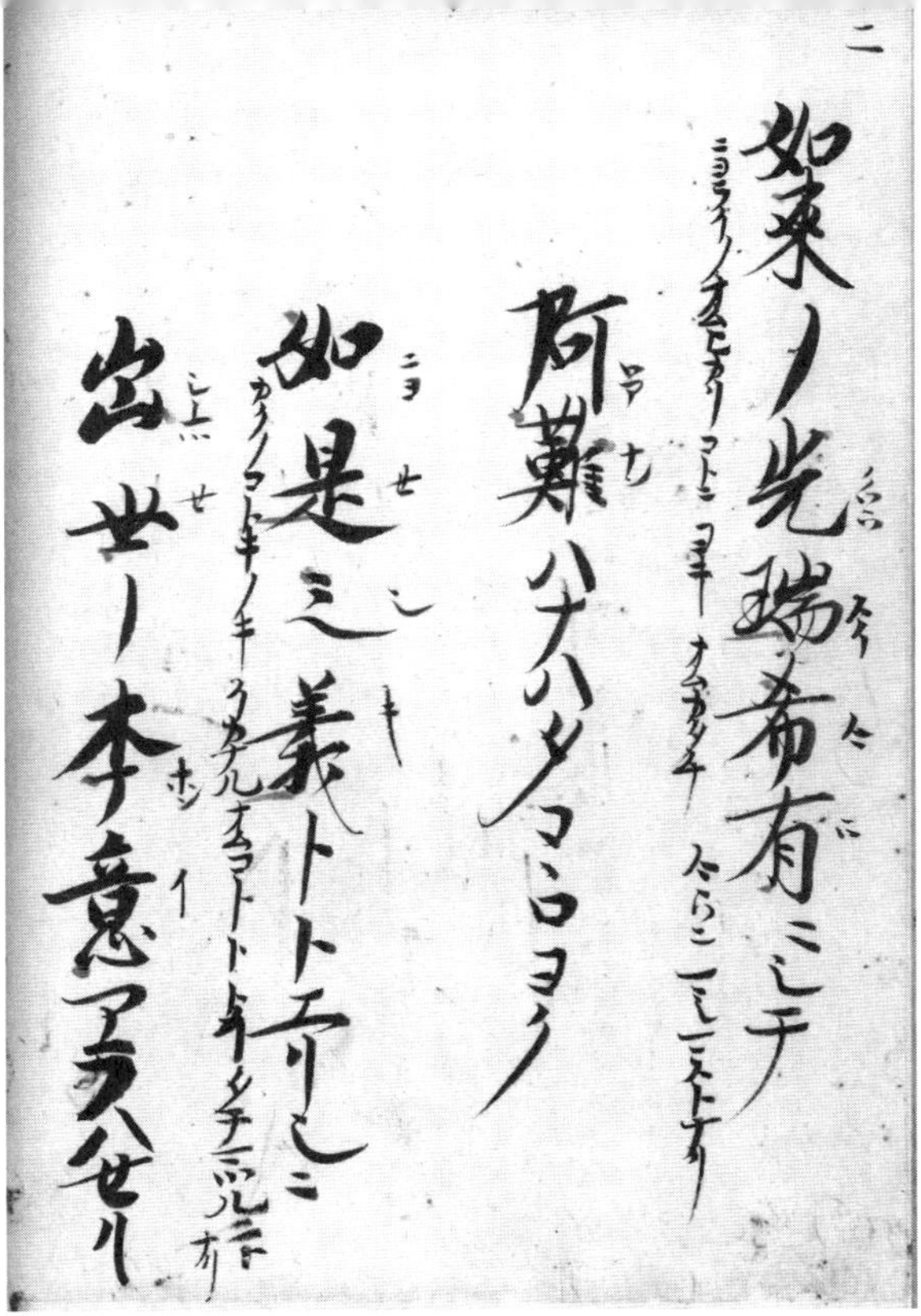
如来ノ光瑞希有ニシテ
阿難ハナハダココロヨク
如是之義トトヒシニ
出世ノ本意アラハセリ

三重県の専修寺が所蔵する親鸞筆の「三帖和讃」『浄土和讃』(部分)。国宝に指定されている

善知識とは、仏の教えを説き、導いてくれる者のことだ。親鸞はまず、そのような師に出会うことが難しいとしている。さらには教えを信じることも難しいと。

親鸞が生きた時代は仏の教えが衰える末法《まっぽう》の世だと信じられていた。社会構造が大きく変化し、大火や地震に民が苦しんだ時代でもあった。そして親鸞は法然に出会わなければ、花咲くことはなかった人物だ。この言葉からは、法然や念仏と出会えた喜びが伝わってくる。

『親鸞の言葉17』往生とは臨終を待たずして

真実信心の行人《ぎょうにん》は、
摂取不捨《せっしゅふしゃ》のゆゑに
正定聚《しょうじょうじゅ》の位に住す。
このゆゑに
臨終まつことなし、
来迎《らいごう》たのむことなし。
信心の定まるとき
往生また定まるなり。

真実の信心を得ている人は、
阿弥陀仏の心に
救い取られているので
浄土に生まれる身となっている。
だから
臨終を待つ必要もなく、
迎えをたのむこともない。
信心が定まったとき、
浄土に生まれることも
定まっているのだ。

『親鸞聖人御消息』第一通

京都国立博物館所蔵の山越《やまごし》阿《あ》弥《み》陀《だ》図《ず》。平安末期から鎌倉時代にかけて描かれた。国宝

長期間の修養を行ない、死の間際に初めて弥陀が迎えに来て浄土へと生まれる。というのが一般的な往生のイメージだろう。それは親鸞の生きた時代でも同じことだった。だが親鸞は、真実の信心を得たその瞬間に浄土へと生まれることが確定する、といっている。

疑いをもたずに弥陀の力を信じることも容易ではないが、これは厳しい修行を必要としない。それまでは一部の人のものだった往生が、誰もが歩める仏道として確立したのだ。

〝親鸞の言葉18〟愚かであることの自覚

故法然聖人は、
「浄土宗の人は愚者になりて往生す」と
候《そうら》ひしことを、
たしかにうけたまはり候ひし……

亡くなった法然聖人が
「浄土の教えを信じる人は、
愚か者になって往生する」
といったことを、確かにお聞きしました。

『親鸞聖人御消息』第十六通

本来、仏教は知慧と慈悲を目指す道である。ところが法然は「愚か者になって往生する」と語ったようだ。そして親鸞は確かにその言葉を聞いたのである。ここでいう「愚か者」とは、おのれのはからいを捨てて、その身のままで阿弥陀仏へと任せることだ。

誤魔化したり正当化したりせず、愚か者であることをきちんと自覚するのだ。この言葉は親鸞83歳のときのものだが、法然の存在は晩年まで親鸞の根底にあったのだ。

大谷大学博物館所蔵の「二祖対面図」より法然幅。53ページの善導大師と一対の絵だ

『親鸞の言葉19』親鸞へ道を示した菩薩

夢にはしなわい
あまたあるなかに、
これぞ実夢《じつむ》にてある。
上人《しょうにん》をば、
所々に勢至菩薩《せいしぼさつ》の化身と、
夢にもみまゐらすること
あまたありと申すうへ、
勢至菩薩は智慧《ちえ》のかぎりにて、
しかしながら
光にてわたらせたまふ。

夢にはいろいろと
種類があるが、
それは正夢である。
法然上人のことを
勢至菩薩の化身として
夢に見た人は多い。
勢至菩薩は最も
智慧の優れた方で、
菩薩の智慧とは光なのだ。

『恵信尼消息』第一通

『法然上人絵伝』の模写。阿弥陀仏が脇侍の二尊と共に、法然上人のもとにおとずれた場面

これは親鸞の妻・恵信尼が、夢について語ったときの親鸞の返答だ。勢至菩薩とは阿弥陀仏の智慧の象徴であり、人々が地獄へ落ちないよう救ってくれる菩薩だとされる。親鸞にとって法然はかけがえのない師であり、菩薩の化身であってもおかしくないと思える存在だったのだ。

同時に恵信尼がこの言葉を書き残したのは、彼女が親鸞を勢至菩薩と対《つい》を成す慈愛の象徴・観音菩薩《かんのんぼさつ》の化身だと考えていたからだ。親鸞の人柄がわかる一節だ。

親鸞の言葉 番外

親鸞は弟子一人《いちにん》ももたず、
なにごとををしへて
弟子といふべきぞや。

親鸞はひとりの弟子も
もってはいない、
弟子といえるようなことを
何か教えただろうか。

『口伝鈔』（創作）

第2章
内面を見つめる

親鸞の言葉20 真の賢さは謙虚な心から

賢者の信は、
内は賢にして外《ほか》は愚なり。
愚禿《ぐとく》が心《しん》は、
内は愚にして外は賢なり。

賢明な方がたの信仰は、
心の内が賢明で、外見的には愚かに映る。
しかし愚かで罪深い私の心は、
内が愚かなのに、外見は賢明を装っている。

『愚禿鈔《ぐとくしょう》』上下

西本願寺所蔵の親鸞聖人御絵伝第３幅第４段「親鸞配流」の場面（部分）。
親鸞が流罪となったのは35歳のときのことだ

承元《じょうげん》の法難《ほうなん》により、親鸞は師である法然らと共に僧籍を剥奪され、流罪に処される。このときに僧でも、俗人でもない非僧非俗の身となり、「愚禿」と名乗るようになった。「禿」とは戒律を守らない、出家者の格好をした僧を意味すると思われる。これにさらに「愚」とつけている。

親鸞は、みずからを愚かな存在でしかないといい切り、独自の道を歩んだ。主著の一つ『愚禿鈔』には、この言葉が二度にわたって記されている。

親鸞の言葉21　努力は見せるものではない

外《ほか》に賢善精進《けんぜんしょうじん》の相を現《げん》ずることを得ざれ、内に虚仮《こけ》を懐《いだ》ければなり

賢者や善人らしく努力や精進している姿を
外に表してはならない。なぜなら、
人はその心の内に偽りを抱いているからだ。

『顕浄土真実教行証文類』信文類

大谷大学博物館所蔵の「二祖対面図」より善導幅。善導は中国・唐時代の僧で、浄土教を大成した人物

もともとは浄土教の善導大師《ぜんどうだいし》の「賢者や善人らしく努め、心の内に偽りを懐いてはならない」という意味の言葉。しかし親鸞はその言葉を大胆に読み変えている。いかに外面を取り繕おうとも、内面には偽物《にせもの》を抱えているのがわれわれの実相である。だから「立派な人」ぶった姿を見せるものではない、というのだ。

どこまでも「自己が内包している影」と向き合い続けた親鸞ならではの読み変えである。

親鸞の言葉22 すべては宿業によるもの

卯毛《うもう》、羊毛のさきにゐるちりばかりもつくる罪の、宿業《しゅくごう》にあらずといふことなしとしるべし。

兎《うさぎ》や、羊の毛の先ほどの小さな罪でも、犯した罪には宿業によらないものは一つとしてない、と知らねばならない。

『歎異抄』第十三条

『歎異抄』の著者と考えられている唯円が常陸《ひたち》(現在の茨城県)に開いた報仏寺

弥陀の本願は悪行をなした者すらも救ってくれる。しかし、それならば何をしてもいいのかというとそれは違う。現世での善行も悪行も前世での行ないとその報《むく》い、宿業によるものだという。人は、変わろうと思い、変わってしまえるほど単純ではない。これまでのさまざまな要因が織り上げられた結果が「今」であるという立場から、自分を見つめ直す。そうすると、自分自身の煩悩がどれほど根深いものであるかが見えてくる。

親鸞の言葉23　心の善悪は往生に関係ない

わがこころのよくてころさぬにはあらず。
また害せじとおもふとも、
百人千人をころすこともあるべし。

自分の心が善いものだから
殺さないのではない。
また、殺すまいと思っていようとも
百人、千人を殺すこともあるだろう。

『歎異抄』第十三条

アングリマーラのストゥーパ(墓)。釈迦の弟子で、釈迦と出会う以前に999人を殺していたとされるアングリマーラの伝説をもとに「千人殺せ」という言葉が出てきたと思われる

みずからの命に背《そむ》かないといった若き唯円《ゆいえん》に対して、「千人を殺せ。それで極楽往生できるだろう」と親鸞はいい放った。唯円はこれを拒否したが、親鸞は「あなたの心が善いから殺さないのではない。そういう業縁《ごうえん》がないのだ」と説いた。

心が善いからいい行ないをするわけでも、悪い心をもつから悪い行ないをするというわけではない。状況によってどんなことでもしてしまう。自分とはそのようにままならないものなのだ。

親鸞の言葉24　弥陀の本願を信じなさい

弥陀の名号《みょうごう》となへつつ
信心まことにうるひとは
憶念《おくねん》の心《しん》つねにして
仏恩《ぶっとん》報ずるおもひあり

南無阿弥陀仏と称《とな》え、
弥陀の本願を疑いなく信じている人は、
そのありがたさをつねに忘れず、
仏恩に報いようとする心を絶やすことがない。

三帖和讃『浄土和讃』冠頭讃《かんとうさん》

龍谷大学所蔵の「光明本尊」。室町時代に描かれた木版彩色の図。
釈迦・阿弥陀と共に各国の高僧が描かれている

阿弥陀仏と、その浄土の徳をたたえた浄土和讃。その冒頭に記された和讃がこれだ。弥陀の本願を疑わずに念仏を称える者のことを詠んでいる。

この後に続く一首は逆に本願に疑念を抱きながら念仏を称える者のことを詠んでいて、二首を合わせて冠頭讃としてまとめられる。信と疑という問題に取り組んだ、親鸞の想いが垣間見える言葉だ。

『親鸞の言葉25』真の信心を得るのは難しい

しかるに常没《じょうもつ》の凡愚《ぼんぐ》、流転《るてん》の群生《ぐんじょう》、無上妙果《むじょうみょうか》の成《じょう》じがたきにあらず、真実の信楽《しんぎょう》まことに獲《う》ること難《かた》し。

ところが、つねに迷いの世界に沈み、流転、輪廻《りんね》をくり返してきた愚かな多くの人々にとって、仏の悟りが得がたいのではない。他力の信心が得がたいのだ。

『顕浄土真実教行証文類』信文類

流罪で失意にあっても親鸞は布教を続けている。配流地の越後（現在の新潟県）には多くの親鸞伝説が残り、下向きに枝のつく「逆さ竹」は親鸞の杖から生えてきたとされる

悟りを開くのはとても困難なことである。釈尊も何度も転生をくり返し、ようやく悟りを開いたとされる。しかし、悟りを開くことそれ自体が難しいというよりも、そこへたどり着くために必要な、真実の信心を得ることが難しいのだ。

というのも、真実の信心とは、阿弥陀仏の本願の力によって、真実なき身であるわれわれへと回向《えこう》されるものだからだ。この他力の教えはとても易《やさ》しいものではあるが、教えに信順することは簡単ではない。

親鸞の言葉26　親鸞の自省の姿勢

まことに知んぬ、
悲しきかな愚禿鸞《ぐとくらん》、
愛欲の広海に沈没《ちんもつ》し、
名利《みょうり》の太山《たいせん》に迷惑して、
定聚《じょうじゅ》の数に入ることを喜ばず、
真証の証《さとり》に近づくことを
快《たの》しまざることを、
恥づべし傷むべしと。

心から思い知らされる。
この愚禿親鸞は
愛欲の海に沈み、
名誉や物質的な
欲望の山に迷い込んで
信心が定まることを喜ばない。
悟りに近づいていることを
うれしいと思わない。
これは恥ずべきであり、
心を痛めなくてはならない。

『顕浄土真実教行証文類』信文類

船で越後（現在の新潟県）にたどり着いた親鸞がまず訪れたのが
この居多《こた》神社の辺りだったという

親鸞の言葉には海や山といった比喩《ひゆ》がよく登場する。配流《はいる》の旅で見た越後の山や海が大きな影響を及ぼしたのだろう。この言葉は、なかでも親鸞の自省が強く見られる言葉だ。

親鸞のイメージは浄土真宗開祖としての聖人然としたものが一般的だが、この言葉からはそのイメージとは程遠い、むしろ一般人とあまり変わりない様子が伝わってくる。われわれと同じように悩み、苦しみ、それでも衆生《しゅじょう》を救おうと尽力した親鸞の内面と、どこまでも厳しい自省の姿勢が見て取れる言葉だ。

親鸞の言葉27　人の煩悩とその激しさ

無明煩悩《むみょうぼんのう》しげくして
塵数《じんじゅ》のごとく遍満《へんまん》す
愛憎違順《あいぞういじゅん》することは
高峰岳山《こうぶがくさん》にことならず

人間のもつ煩悩はとめどない。
塵《ちり》の数ほどもあり、その身に満ち満ちている。
物事が思いどおりになればそれを愛し、
そうでなければ怒りの心が湧き起こる。
煩悩の起伏の激しさは高い山の連なりのようだ。

三帖和讃『正像末和讃《しょうぞうまつわさん》』三時讃

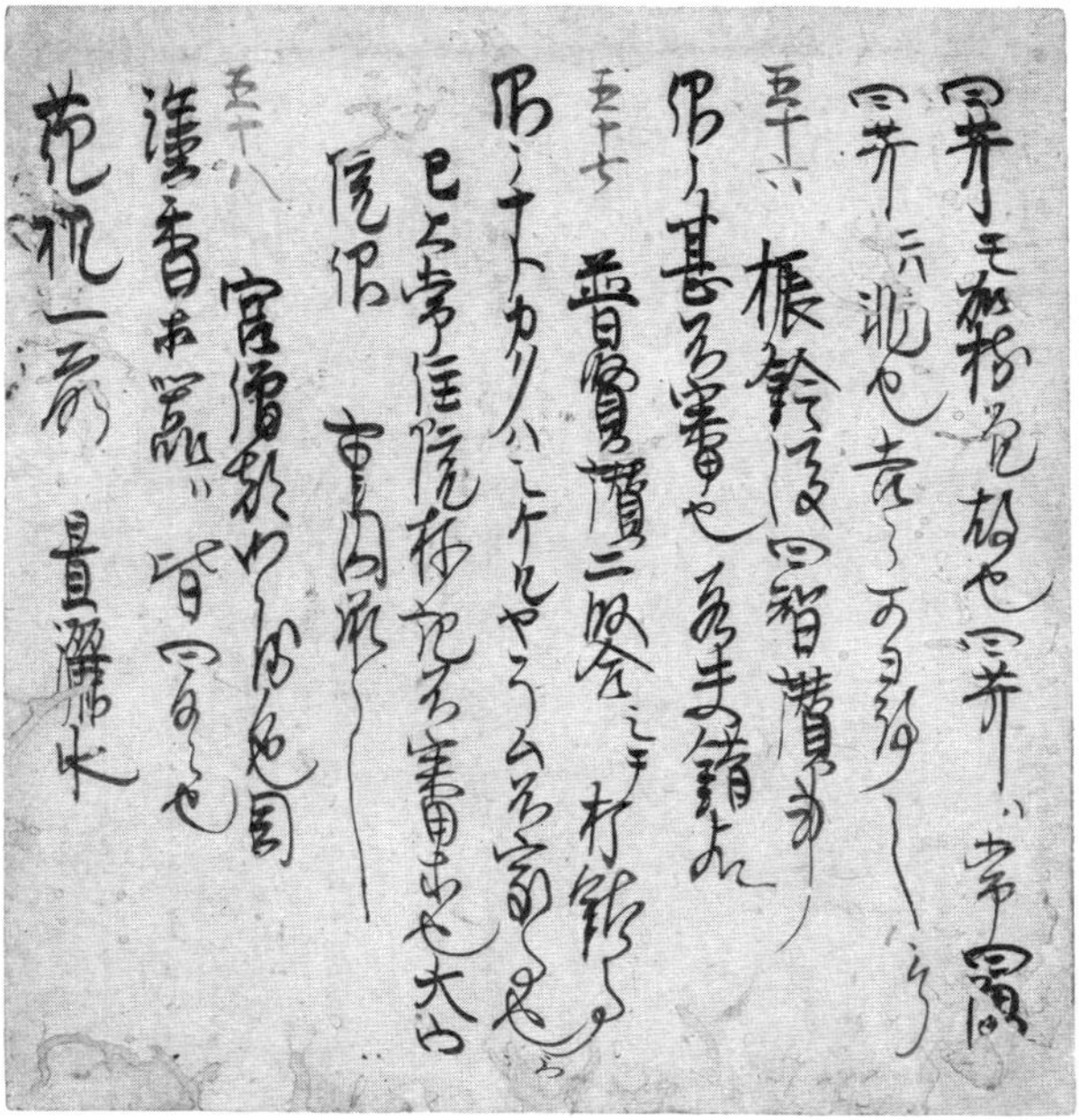

京都国立博物館所蔵の『手鑑「藻塩草」』。奈良から室町時代までの名書を集めたもので、国宝。本写真はその一部で親鸞の直筆だと伝わる

人の煩悩について詠んだ和讃。一般的に人の煩悩の数は百八つあるなどといわれるが、それどころではなく、塵の数のように無数に存在するという。

物事に固執し、ままならないことに対して、なぜなのか、どうしてなのかと心を揺り動かし、執着してしまうさまを、険しい山の峰のようだとたとえている。しかしこれは人間を否定しているのではない。そのような私を救ってくださる仏の光に照らされる。だからこそ見える姿なのである。

〓親鸞の言葉28〓 人の悪性は捨て去れない

悪性《あくしょう》さらにやめがたし
こころは蛇蝎《じゃかつ》のごとくなり
修善《しゅぜん》も雑毒《ぞうどく》なるゆゑに
虚仮《こけ》の行とぞなづけたる

私たち人間は悪性を捨て去ることはできない。
心は蛇やサソリのように悪辣《あくらつ》だ。
どんなに善《よ》い行ないをしても煩悩の毒が混じっている。
だからそれは結局、嘘偽りの行為なのだ。

三帖和讃『正像末和讃』愚禿悲嘆述懐讃

京都国立博物館所蔵の「当麻曼荼羅《たいままんだら》」。『観無量寿経』にもとづき、浄土の姿が描かれている

人間が生まれたときからもっている悪の性《さが》はけっして捨て去ることはできない。自身も戒を破り、妻帯した親鸞だからこそ出てきた言葉といえる。

人の心は悪にまみれているのだから、たとえどれだけ善い行ないをしようともそれは偽りのある行ないだ。しかし、だからといってそれを理由に怠惰《たいだ》に過ごしてよいわけではない。見返りを求めない善行が無理なら、その浅ましさも自分の一部だと認め、共に歩んでいくことが大切なのだ。

親鸞の言葉29 仏の智慧で護られている

無礙光仏《むげこうぶつ》の心光
つねに照らし
護《まも》りたまふゆゑに、
無明《むみょう》の闇はれ、
生死《しょうじ》のながき夜《よ》すでに
暁《あかつき》になりぬとしるべし。

信心を得た人は、
阿弥陀仏の心の光に
つねに照らされ
護ってもらえる。
それゆえ、生と死を
くり返す人生の
長い夜を越え、
すでに暁となった、と
知るべきだ。

『尊号真像銘文《そんごうしんぞうめいもん》』

「摂取《せっしゅ》心光《しんこう》常《じょう》照《しょう》護《ご》」という銘文について親鸞が詠んだ言葉。仏教では、苦悩の根本的な原因を「無明」という。いわば真っ暗ななかへと放り込まれた状態だ。その闇のなかに光を照らすのが仏なのだという。

人は阿弥陀仏によって照らされ、守られているのだが、根本的な無知ゆえにそれすら知らずに生きている。そんなわれわれにも、他力の教えと出会い、闇が晴れる機会は与えられるのである。

西本願寺所蔵の親鸞聖人御絵伝第一段四幅「六角告命」（部分）。救世観音から夢告を受けた親鸞は、山奥で布教する自分の姿を夢に見たという

親鸞の言葉30　御心と一つになること

「称」は御《み》なをとなふるとなり。
また「称」ははかりといふこころなり。
はかりといふは
もののほどを定むることなり。

「称」は御名を称《とな》えること。
また「称」ははかるという意味でもある。
はかるというのは、物事の度合を定めることだ。

『一念《いちねん》多念《たねん》文意《もんい》』

京都の長楽寺。法然門下であり、親鸞の尊敬していた僧・隆寛《りゅうかん》が暮らした。『一念多念文意』の元となった『一念多念分別事《いちねんたねんふんべつのこと》』を著したのが隆寛だ

「となえる」というと通常「唱」の字を使うことが多い。言葉として声に出していうことだ。しかし浄土真宗では基本的に「称」の字を使い、「称える」としている。これには字のとおり「たたえる」という意味がある。

また「はかり」という意味も含まれている。念仏を称えることで、自身の信心が計られていく、ともとれる。自分自身のあり方がつねに問われていくのである。

『親鸞の言葉 番外』

そもそもまた大師聖人(源空)、
もし流刑に処せられたまはずは、
われまた配所におもむかんや。
もしわれ配所におもむかずんば、
なにによりてか辺鄙の群類を化せん。
これなほ師教の恩致なり。

そもそも、もし法然聖人が流刑に処されなければ、私がこの地に来ることもなかっただろう。もし私がこの地に来なければ、遠く離れたこの地の人々に教えを伝えることはできなかっただろう。これも法然聖人のおかげなのです。

『御伝鈔』(創作)

第3章

救われる喜び

親鸞の言葉31
念仏者の道には妨げがない

念仏者は無礙《むげ》の一道《いちどう》なり。

念仏を称《とな》える人は、
何ものにも妨げられない
ひと筋の道を行く人なのだ。

『歎異抄』第七条

浄土宗で好まれる二河の比喩を示した「二《に》河《が》白《びゃく》道《どう》図《ず》」。龍谷大学蔵。現世とは大火と大水が迫り、背後からは化物が襲ってくるようなもので、そこに残された細い道を弥陀と釈迦に励まされながら歩くのが浄土の教えだという

無礙とは妨げのないこと。つまり阿弥陀仏の本願を信じ、念仏を称える者は、人生において一切の苦楽に妨げられることなく、生と死を越えて歩いていける、ということだ。

しかし親鸞自身もその人生において多くの苦難に遭遇してきた。念仏の弾圧による流罪、息子・善鸞《ぜんらん》の義絶《ぎぜつ》など。それでも親鸞はこう説いたのだ。自分にはこの道しかない、そしてこの道は仏の本願力であるがゆえに何ものにも妨げられないのである、と。

親鸞の言葉32 弥陀の光は苦を滅ぼす

それ無《む》礙《げ》難思《なんじ》の光耀《こうよう》は、苦を滅《めっ》し楽《らく》を証《しょう》す。

どのようなものも照らしてくれる
阿弥陀仏の智慧の光、その輝きは
この世に生きる人の苦しみを滅ぼして、
その先に安楽があることを証明している。

『浄土文類聚鈔《じょうどもんるいじゅしょう》』

もともと親鸞は比叡山で学んだ。その際に浄土三部経などにも親しんだのだろう。
写真は親鸞がまつられている大講堂。比叡山写真提供

『顕浄土真実教行証文類』（以下『教行証文類《きょうぎょうしょうもんるい》』）が仏典に限らず、多くの言葉を引用して書かれているのに対し、『浄土文類聚鈔』は浄土三部経《じょうどさんぶきょう》、龍樹《りゅうじゅ》菩薩、天親菩薩、曇鸞《どんらん》大師、善鸞《ぜんらん》大師の解釈を元に簡略化されたものだ。そのため「略文類」ともいわれる。

　そして冒頭に書かれているこの言葉では、改めて阿弥陀仏の偉大さを説くと同時に、本願を信じ、念仏を称《とな》える喜びを簡潔に表している。短くも、浄土真宗の本質を示す力強さがある。

親鸞の言葉33　すべてを救う弥陀の本願

ひそかにおもんみれば、
難思《なんじ》の弘誓《ぐぜい》は
難度海《なんどかい》を度《ど》する大船《だいせん》、
無礙《むげ》の光明《こうみょう》は
無明《むみょう》の闇《あん》を破《は》する
恵日《えにち》なり。

思いをめぐらせてみると、
阿弥陀仏の誓いは、
迷いの海を渡らせてくださる
大きな船であり、
何ものにも遮られない光は、
愚かさの闇を破り
救ってくださる智慧の光だ。

『顕浄土真実教行証文類』総序

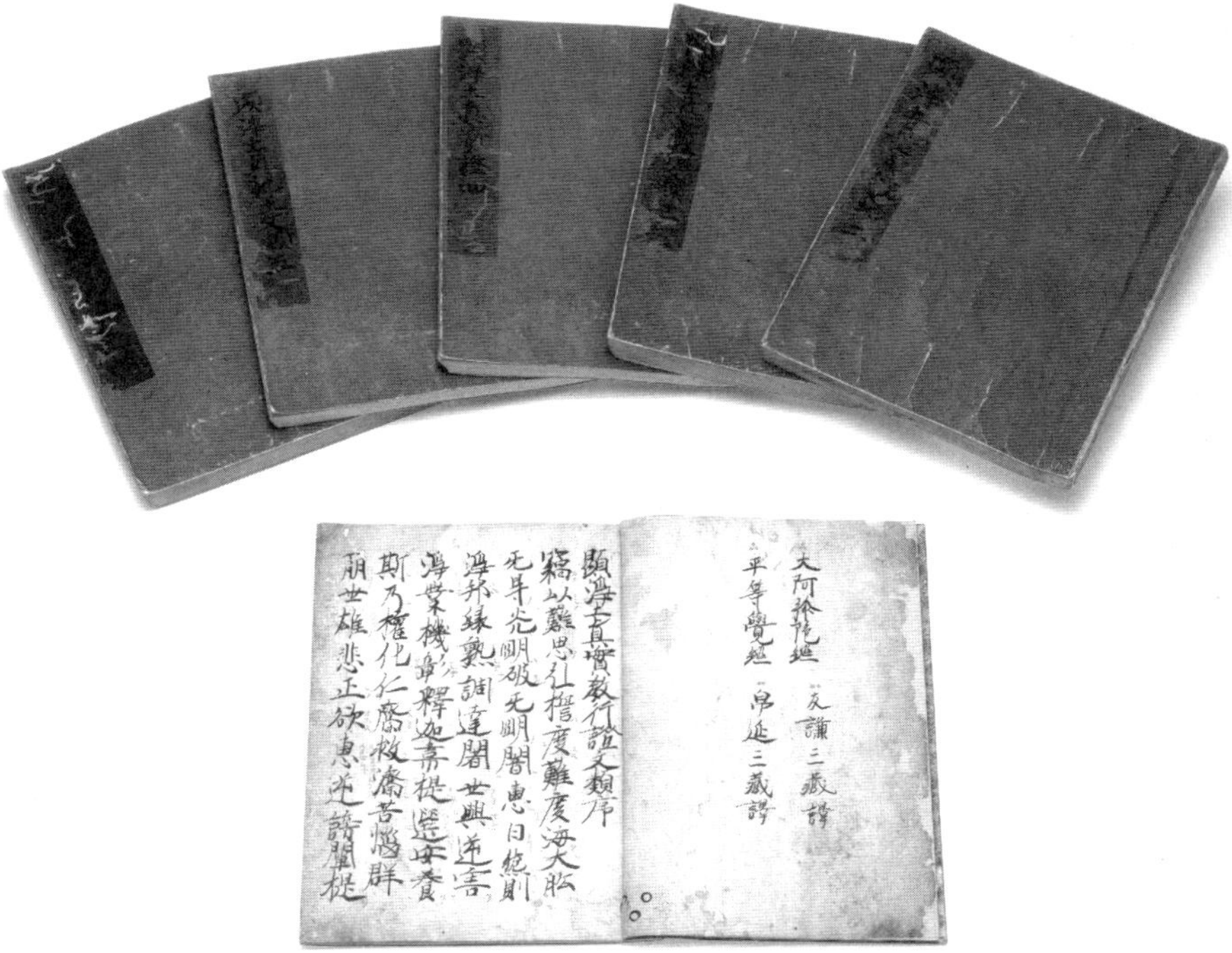

西本願寺所有の『顕浄土真実教行証文類』。坂東本《ばんどうぼん》を弟子が清書したものだといわれる

親鸞の主著となる『教行証文類』冒頭の一文。弥陀の本願について詳述されている。弥陀の本願とは阿弥陀仏が、みずからの力では救われない人々を救うとされた誓いのこと。それを大きな船に、迷い多い人生を大海にたとえている。

　また、われわれは無明のなかにいるので、自分の姿も見えず、どこに立っているのかもわからず、どの方向へと進んでいいのかもわからない。その闇を打ち破る浄土の教えこそ人々を救う光なのだという。

親鸞の言葉34 浄土の教えに勝るものなし

しかれば凡小修《ぼんしょうしゅ》し易《やす》き真教、愚鈍往《ゆ》き易き捷径《せっけい》なり。大聖一代《だいしょういちだい》の教《きょう》、この徳海《とくかい》にしくなし。

（釈尊が説いた浄土の教えこそ）
いかなる凡人にも行ないやすい誠の教えであり、
どれだけ愚鈍な者でも悟りへと至る近道となるものだ。
釈尊が生涯を通して説かれた教えのなかで、
この浄土の教えに及ぶものはない。

『顕浄土真実教行証文類』総序

茨城県笠間《かさま》市の稲田禅房西念寺《いなだぜんぼうさいねんじ》（稲田御坊《ごぼう》）。『顕浄土真実教行証文類』草稿が書かれた場所とされる場所に建立された寺院。山門は鎌倉から室町の頃につくられたという。西念寺写真提供

仏教の目標は悟りへと至り救われることだ。ではその悟りへはどうすれば到達できるのか。多くの人々がさまざまな修行を生み出し、その場所を目指してきた。

しかし、仏教には「修行して悟りへ至る」という道と、もう一つ「仏様に救われていく」という道がある。

親鸞は後者の道を歩んだ。阿弥陀仏は、ふつうの人も、罪を犯した者も、分け隔《へだ》てなくすべての人々を救うのである。

親鸞の言葉35 信心を得た瞬間の喜び

一念とはこれ
信楽《しんぎょう》開発の時剋《じこく》の極促《ごくそく》を顕《あらわ》し、
広大難思《こうだいなんじ》の慶心《きょうしん》を彰《あらわ》すなり。

一念というのは、
信心が開かれ起こってくる
その始めの一瞬を表したもので、
広大で思いはかることのできない
法をいただいた喜びの心を表すのだ。

『顕浄土真実教行証文類』信文類

常陸《ひたち》に入った親鸞が最初に住んだ小島草庵跡に立つ四体仏《したいほとけ》。親鸞が影響を受けた欽《きん》明《めい》天皇、用明《ようめい》天皇、聖徳太子の墓だとされる。その右側に後年親鸞の墓が追加された

阿弥陀仏の力に、疑わず心から身を任せることを信心という。そして、この信心を得た瞬間が一念。一念には「とても速い」「きわまり」という意味がある。まさにその瞬間、往生は定まり、喜びが湧いてくるというのだ。臨終往生が一般的とされたこの時代、「今」「ここで」を生きる仏道が提示されたのである。

「一念」には、「一回の念仏」という意味もあるが、親鸞は「一瞬」というとらえ方を重視した。「信心を得たときすでに往生が決定している」という、「今」「このとき」「私が」に重きを置いた親鸞の思想がよく表れた言葉だ。

〓親鸞の言葉36〓自分の価値観を超えた先

またわがこころよければ、往生すべしとおもふべからず。（中略）よきあしき人をきらはず、煩悩のこころをえらばず、へだてずして、往生はかならずするなりとしるべしとなり。

また、自分の心が善いものだから往生できるのだ、と思うべきではない。（中略）善い人も悪い人も、煩悩があるかないかでも隔てず、かならず浄土に生まれるものだと知らなければならない。

『親鸞聖人御消息』第六通

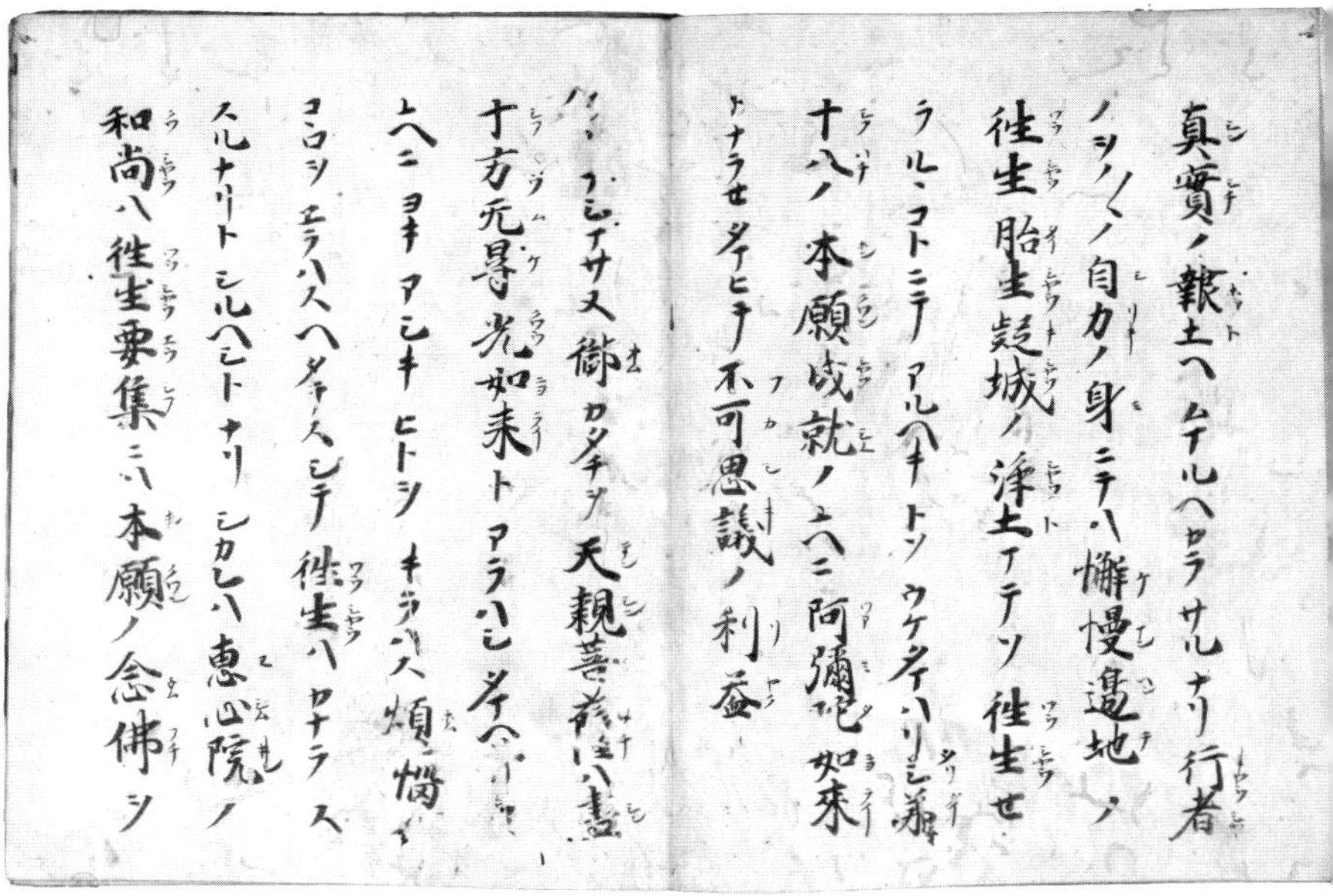

龍谷大学所蔵の『末燈鈔《まっとうしょう》』写本より六通後半部分。御消息をまとめた書物は複数あり、『末燈鈔』もそのひとつ

自分はこれだけ修行をしているのだから、きっと極楽往生できるのだと確信する。また、自分はこれだけ悪いことを重ねてきた人間なのだから、極楽へ往生などできるはずもない、と諦める。理解しやすい理念だが、それはあくまで自分で測った価値観でしかない。

いわば、いずれも「自分の都合」を振り回しているようなものである。自分の勝手なはからいを捨て、弥陀の本願に身を任せ、念仏することでこそ救われるのだ。

親鸞の言葉37　心はすでに救われている

居《こ》すといふは、浄土に、信心のひとのこころつねにゐたりといふこころなり。

（光明寺の善導《ぜんどう》和尚の『般舟讃《はんじゅさん》』には、
「信心を得た人の心《しん》は、既に浄土に居《こ》す」
と説かれている）
信心を得た人の心はつねに浄土にいる、
という意味だ。

『親鸞聖人御消息』第十一通

京都国立博物館所蔵の「阿弥陀三尊来迎図」。蓮台をもつのが観音菩薩。合掌するのが勢至菩薩だ

阿弥陀仏の本願を頼り、信心を得て往生する。信心に裏打ちされた念仏を称《とな》える。そのような他力の念仏者の心はすでに浄土にあると、親鸞は善導大師の言葉を引いている。往生はけっして来世だけの問題ではない。

他力の教えは、「息を引き取れば浄土へ往生できるような生き方を〝今〟する」ことを説いているのだ。「帰る所があるからこそ、苦難の人生を歩み続けることができる」ということなのである。

親鸞の言葉38　信心を得れば仏と等しい

まことの信心の人をば、
諸仏とひとしと申すなり。
また補処《ふしょ》の弥勒《みろく》と
おなじとも申すなり。

真実の信心を得た人は
仏に等しいという。
また、次の世に仏となって現れる
弥勒と同じだ、ともいう。

『親鸞聖人御消息』第二十通

京都国立博物館所蔵の「弥勒菩薩像」。鎌倉時代の作と考えられる

弟子からの「『華厳経《けごんきょう》』にある仏と等しいとはどういうことなのか」という質問に対して、親鸞はこう答えた。真実の信心を得るということは、阿弥陀仏の利益を得るということでもあり、これを仏と等しいというのだと。

仏とは悟りを開いた存在である。つまり、信心を得た者は悟りを開いたのと同義で、すでに救われているというのだ。親鸞にとって「信心を得る」とはそれほどのことなのである。ここに親鸞思想の特性がある。

親鸞の言葉39　父母のような優しさ

釈迦・弥陀は慈悲の父母《ぶも》
種々《しゅしゅ》に善巧方便《ぜんぎょうほうべん》し
われらが無上の信心を
発起《ほっき》せしめたまひけり

釈迦と弥陀は、すべての人々を救ってくれる
慈悲の父と母だ。
手を尽くして、私たちが浄土に往生するために必要な、
他力の信心を起こそうとしてくれる。

三帖和讃『高僧和讃』善導讃

龍谷大学所蔵の光明本尊。名号から光が放たれ、傍らには阿弥陀仏と釈迦、さらには古代インドから日本に至るまで浄土教の先師たちが描かれている

『浄土文類聚鈔《じょうどもんるいじゅしょう》』に「釈迦の発遣《はっけん》を蒙《かぶ》り、また弥陀の招喚したまふによりて」という一節がある。発遣とは「行きなさい」、招喚は「こちらへ来なさい」ということ。

親鸞にとって、釈迦は子を旅立たせる厳しさをもった父のように、弥陀はすべてを包んでくれる懐深い母のように感じられたのだろう。そして二尊は子を見守る両親のように、つねにわれわれを見守っているというのだ。多くの苦難にぶつかりながらも仏の慈悲を信じ続けた親鸞らしい和讃だ。

親鸞の言葉40　御仏の光はいつもそばに

弥陀・観音・大勢至
大願《だいがん》のふねに乗じてぞ
生死《しょうじ》のうみにうかみつつ
有情《うじょう》をよばうてのせたまふ

阿弥陀仏、観世音菩薩、大勢至菩薩は
すべての人々を救おうとする願いを船として、
生と死をくり返すこの海に浮かびながら、
私たちに呼びかけ、船に乗せてくれる。

三帖和讃『正像末和讃』三時讃

浄土真宗は外部から一向宗と呼ばれることもある。阿弥陀仏のみに帰依することが由来だ。だがほかの仏を蔑《ないがし》ろにしているわけではない。阿弥陀仏の内に一切の仏や菩薩が内包されていると考えられているからだ。

観音菩薩は阿弥陀の慈悲の徳を、勢至菩薩は阿弥陀の智慧の徳を表す。この三尊は迷いの多いこの世界でつねに衆生を救おうとしてくれている。すべて御仏の智慧が共にそばにあり、支えてくれているのだと親鸞は和讃を詠んだのだ。

栃木県本寺専修寺所蔵の一光三尊像《いっこうさんぞんぞう》御前立《おまえたち》。中央が阿弥陀仏、右が観音菩薩、左が勢至菩薩

『親鸞の言葉41』まごころのない私でも

無慚無愧《むざんむぎ》のこの身にて
まことのこころはなけれども
弥陀の回向《えこう》の御名《みな》なれば
功徳《くどく》は十方《じっぽう》にみちたまふ

私には己《おのれ》の罪を恥じる心すらない。
その内にまごころはないとはいえ、
阿弥陀仏はそんな私さえ浄土へ導こうと
名号《みょうごう》をさずけてくださった。
そこに宿る恵みは、全世界の人々にも行きわたる。

三帖和讃『正像末和讃』悲嘆述懐讃

親鸞が暮らしたという場所に建つ稲田禅房西念寺（稲田御坊）境内にある御頂骨堂。
親鸞の遺骨が収められているとされる。西念寺写真提供

慚愧《ざんき》とは自分の過ちや見苦しさを恥じて、反省するという意味だ。親鸞は自分にはその慚愧の思いすらないといい切る。それこそが自分の本当の姿だと見据えていたのである。また、それが人間の実像でもあろう。

しかしそんな人間を阿弥陀仏は救ってくれる。そしてその救いの光は出家者も在家者も、善人も悪人も区別なく、すべての人に分け隔てなく注がれ、満ち溢《あふ》れているのだ。この徹底した内省と救いの喜びとの振れ幅が親鸞の思想最大の特徴だ。

去る者も救うはたらき

摂はものの逃ぐるを追はへとるなり

摂という言葉は、背を向けて逃げる者も追いかけて捕まえ救い取るということだ。

浄土和讃異本左訓

西本願寺所蔵の親鸞聖人御絵伝第１幅第４段「六角告命《ろっかくごうみょう》」（部分）。救世《くぜ》菩薩から宿報偈《しゅくほうげ》を授けられた場面。修行をしても煩悩が捨てられなかった親鸞だが、念仏という道と出会うことができたのだ

「摂取不捨《せっしゅふしゃ》」という言葉がある。これは仏が、この世に生きているすべての人々を救い取り、また一度救い取った者はけっして見捨てないという意味だ。

法然は「私が悟りを開いて仏と成る」という方向性を、「仏が私を救う」へと大転換させた。しかし、親鸞は「仏から逃げ続ける私」を告白するのである。しかし、仏に背を向けて逃げるような人間さえ追いかけていって捕まえ、救ってくれるのが阿弥陀仏なのである。

親鸞の言葉43 善人、悪人の区別なく

すべてよきひとあしきひと、
たふときひと
いやしきひとを、
無礙光仏《むげこうぶつ》の御《おん》ちかひには
きらはずえらばれず、
これをみちびきたまふを
さきとしむねとするなり。

善い人も悪い人も、
尊い人もいやしい人も、
阿弥陀仏は嫌わず、
分け隔てされることもなく、
導くことを第一とし、
根本とされているのだ。

『唯信鈔文意《ゆいしんしょうもんい》』

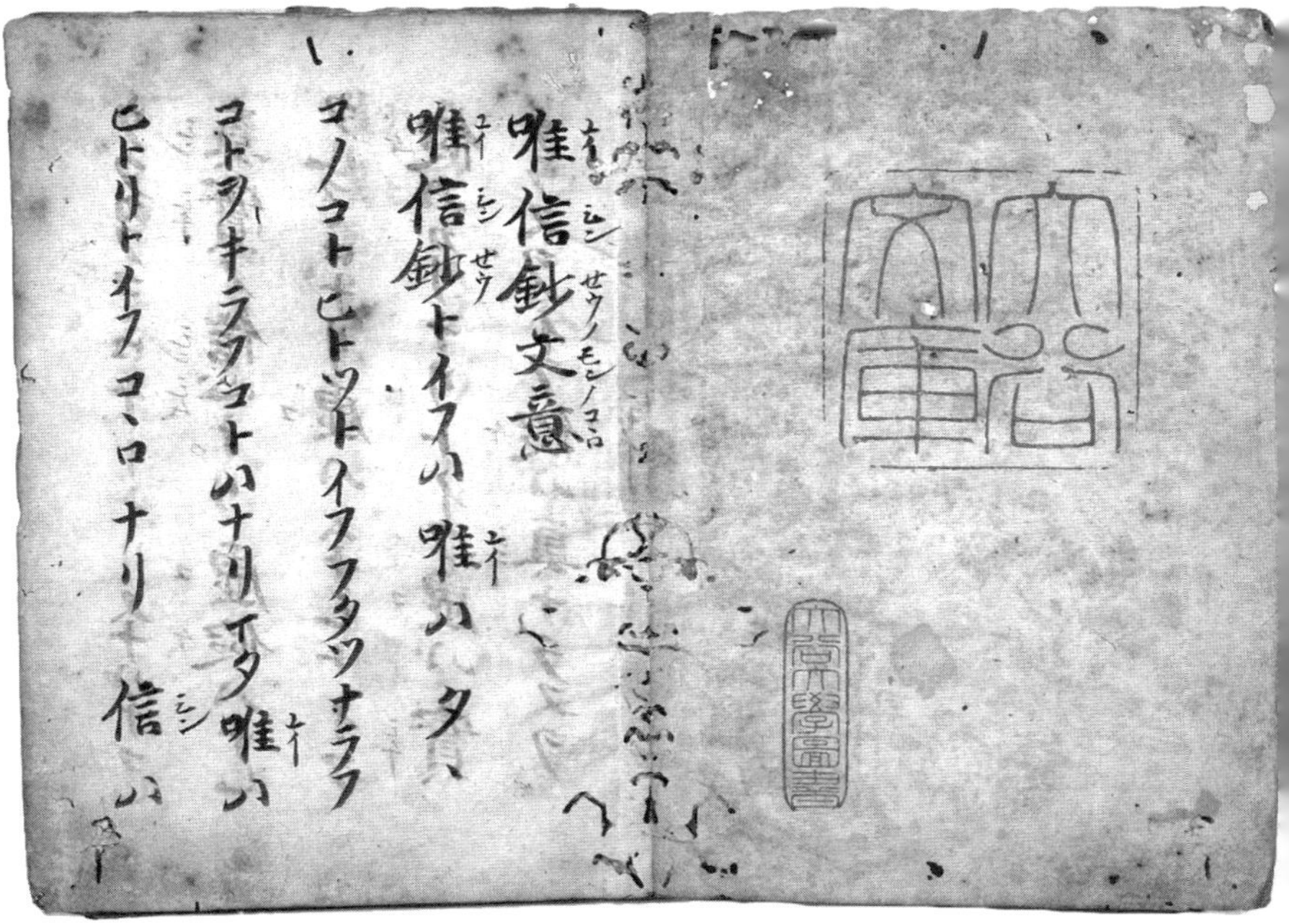

大谷大学博物館所蔵の『唯信鈔文意』写本。直筆のものから1335年に転写された

法然聖人門下の僧・聖覚《せいかく》。彼が著したのが『唯信鈔』だ。聖覚を尊敬していた親鸞が、より人々にわかりやすく伝わるようにと、註釈を加えたものが『唯心鈔文意』と呼ばれる。

そのなかでも親鸞は、阿弥陀仏の本願について触れている。どんな人であれ一切区別なく救うのが阿弥陀仏なのだと。いい回しは違えど、親鸞はこの言葉を生涯くり返した。他力の教えはシンプルであり、ピュアでイージーだ。しかし、真にこの道を歩むことは簡単ではない。これを親鸞は難信と表現している。

親鸞の言葉 番外

おなじくは、みもとにてこそをはり候はば、をはり候はめと存じてまゐりて候ふなり。

どちらにせよ死ぬのであれば、親鸞聖人のもとで終わりを迎えたいと思ってやってきました。

『親鸞聖人御消息』第十三通（同朋・覚信の言葉）

第4章
力強く生きる

親鸞の言葉44 川はやがて海となる

凡聖《ぼんしょう》・逆謗《ぎゃくほう》斉《ひと》しく回入《えにゅう》すれば、衆水《しゅすい》海に入《い》りて一味《いちみ》なるがごとし。

凡人も聖者も、重罪を犯した者も
仏をないがしろにする者さえも、
等しく本願に帰依すれば、
川の水が海に入って一つになるように、
仏と等しい悟りを得ることができる。

正信偈《しょうしんげ》（『顕浄土真実教行証文類』行文類）

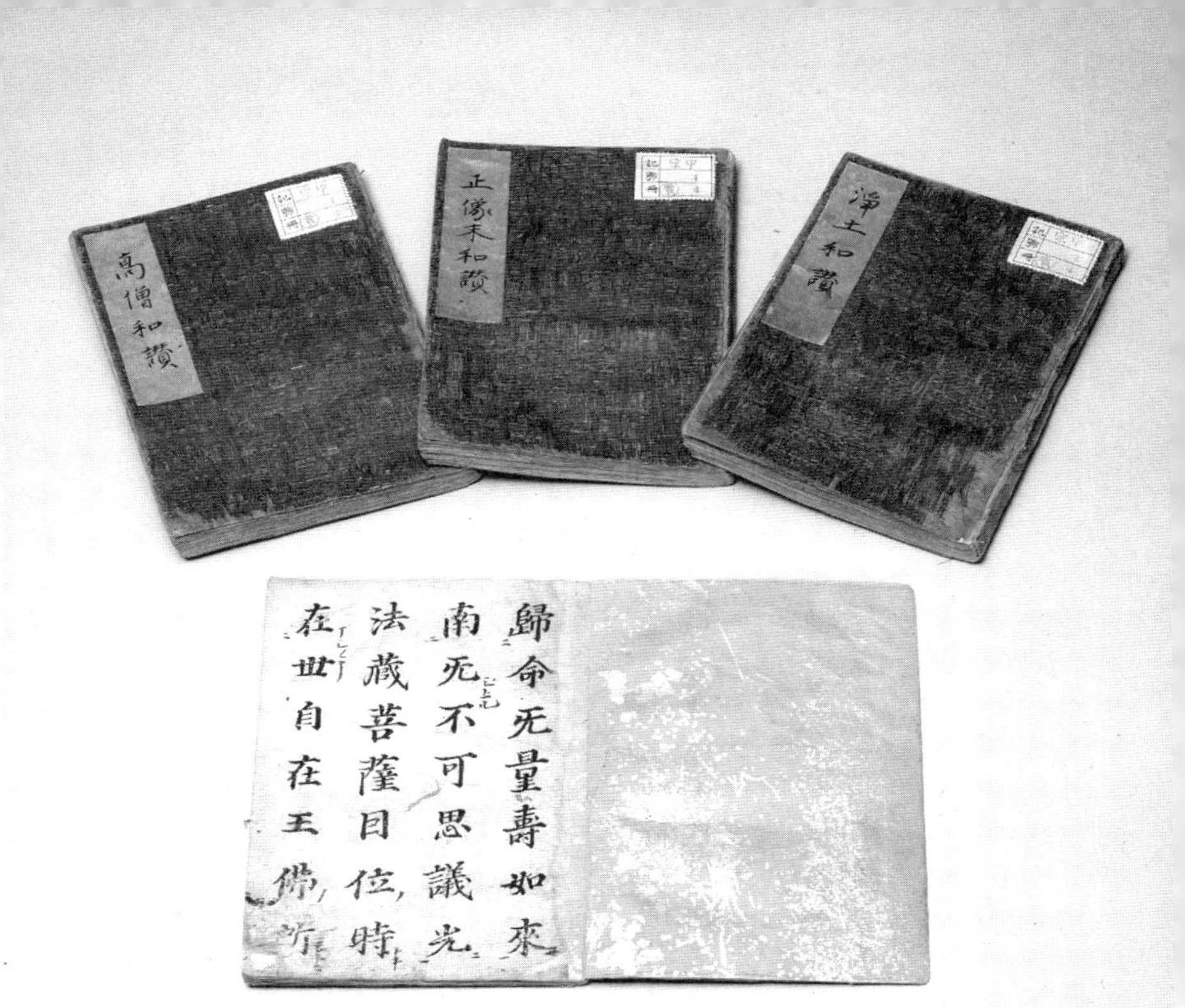

大谷大学博物館所蔵の『三帖和讃』と『正信偈』。『三帖和讃』と共に『正信偈』が読まれるようになったのは15世紀、蓮如の頃から

短い一文だが、浄土真宗の教えの極みが凝縮されている。出家して僧になった者も、そうでない人たちも、また重い罪を犯した者でも、阿弥陀仏の本願に帰依さえすれば救われるのだ。

きれいな水も濁った水も、やがて大海のような仏の慈悲のもとで一つとなり、そこで仏と同じ悟りを得られるのだ。仏はどのような人間も区別しない。この偈からは親鸞の壮大な宗教世界のイメージが感じられる。

親鸞の言葉45 救いの光は遮られない

たとへば日光の
雲霧《うんむ》に覆《おお》はるれども、
雲霧の下《した》あきらかにして
闇なきがごとし。

たとえば日光が
雲や霧に覆われたとしても、
雲や霧の下は明るく、
闇ではないことに似ている。

正信偈（『顕浄土真実教行証文類』行文類）

人は愚かな存在だと親鸞はいう。大小の違いはあるだろうが、罪を犯したことのない者はいないだろう。殺人を犯してしまった者、小さな嘘をついた者。誰かを妬《ねた》んだことのある者。いくら仏の光が照らしても、過剰な欲望や怒りや憎しみが雲・霧のように覆っているのだ。

しかし、雲・霧が覆ってはいても、夜のように真っ暗となるわけではない。太陽が雲に隠れても薄明かりが照らすように、やはり光は届いているのだ。

一度は親鸞を殺そうとするが改心し門下となった弁円《べんねん》の像。茨城県・大覚寺蔵

親鸞の言葉46　一時も休むことなく

煩悩、眼を障《さ》へて
見たてまつらずといへども、
大悲、倦《ものう》きことなくして
つねにわれを照らしたまふといへり。

煩悩によって眼を遮られ、
見ることができなくても、
阿弥陀仏の大悲はつねにわれわれを
休むことなく照らし続けてくれている。

正信偈（『顕浄土真実教行証文類』行文類）

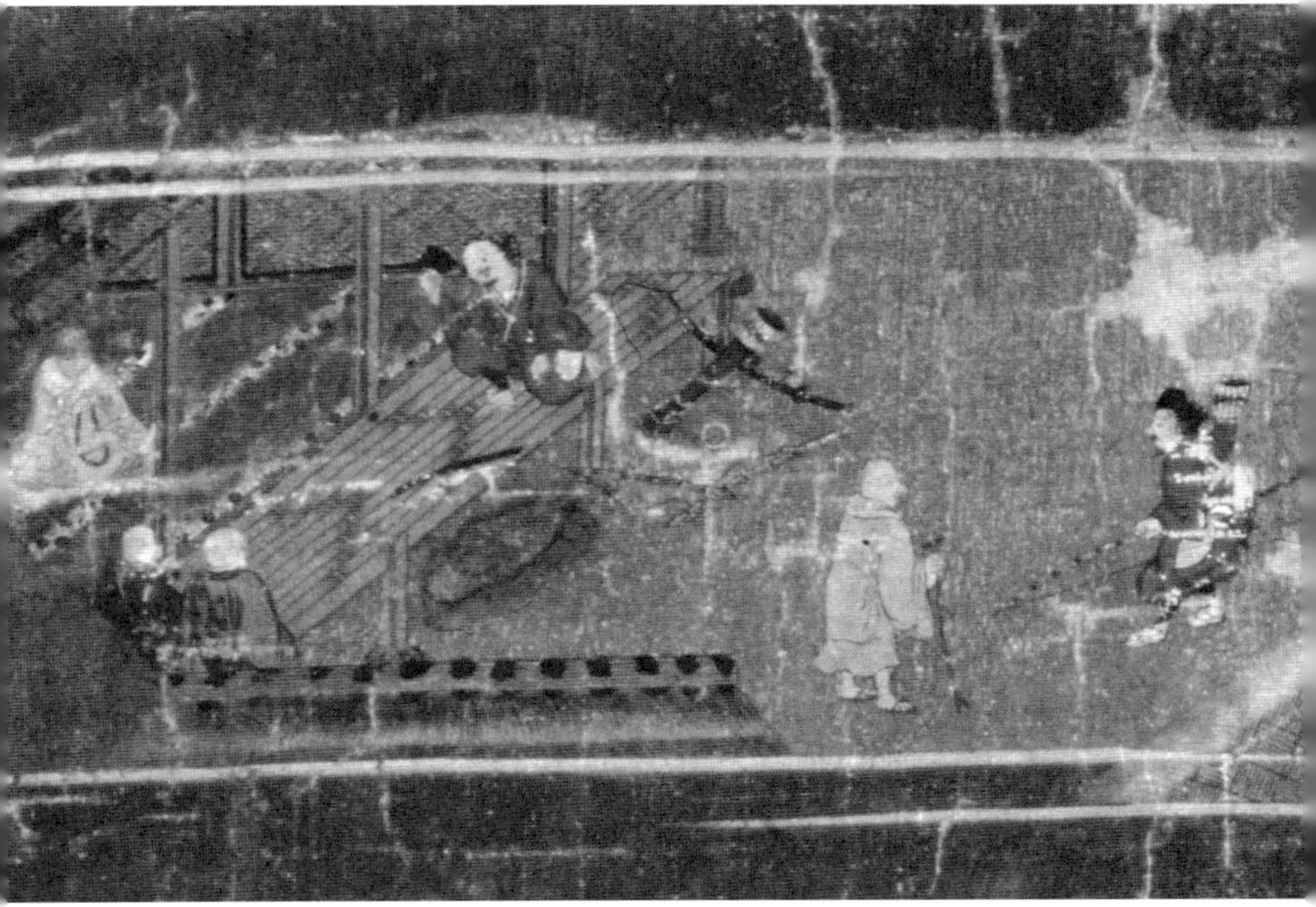

西本願寺所蔵の親鸞聖人御絵伝第3幅第6段「弁円済度《べんねんさいど》」(部分)。
親鸞を襲おうとした弁円が改心する場面

人間が人の世で生きている限り、煩悩は尽きることがない。悲しいことに、その煩悩ゆえに眼は曇り、真実というものが見えなくなってしまっている。

だが、だからといって阿弥陀仏はわれわれを見捨てない。すべてを承知したうえで、つねにそばに寄り添い、一時も休むことなく智慧の光で照らし続けてくれているのだ。ここには罪と救いとがぎりぎりの緊張関係にある。そして、阿弥陀仏は、つねにあなたのとなりにいる。

親鸞の言葉47　先達と共に歩む道

ここに愚禿釈《ぐとくしゃく》の親鸞、
慶《よろこ》ばしいかな、
西蕃《せいばん》・月支《げっし》の聖典、
東夏《とうか》・日域《じちいき》の師釈《ししゃく》に、
遇《あ》ひがたくして
いま遇ふことを得たり、
聞きがたくして
すでに聞くことを得たり。

『顕浄土真実教行証文類』総序

愚かな私、親鸞は、
うれしいことに、
インド・西域に伝わる聖典や、
中国・日本の祖師たちの
解釈の言葉に、
本来は会えそうもないのに
会えるし、本来は
聞けそうにもないことを
聞くことができた。

茨城県・鹿島神宮。『教行証文類』執筆の資料を求め、親鸞はたびたび足を運んだ。
写真は国の重要文化財・楼門。鹿島神宮写真提供

『教行証文類』の序で親鸞はこのように喜びを吐露している。遥かないにしえから連綿と続いてきた教えのパス。それは先人たちが自分のためにしてくださった苦労である。

一歩間違えば出会うことができなかった教え。それに会うことができたのだ。また、救いを求める道は孤独なものだが、けっしてひとりではない。そうして親鸞自身もまた、多くの人を導く人となった。

親鸞の言葉48 たとえ罪を犯したとしても

ここをもっていま
大聖《だいしょう》(釈尊《しゃくそん》)の真説によるに、
難化《なんげ》の三機《さんき》、難治《なんち》の三病は、
大悲の弘誓《ぐぜい》を憑《たの》み、
利他の信海《しんかい》に帰すれば、
これを矜哀《こうあい》して治《ち》す、
これを憐憫《れんびん》して療《りょう》したまふ。

以上に示されたことから、
釈尊の教えによると、
教え導くことが困難な
三種の人たち、
つまり救いがたい
三種の病人であっても、
阿弥陀仏のおおいなる
慈悲の誓願に任せて、
他力の信心の海に帰依すれば、
阿弥陀仏は憐れんで
救ってくださるのだ。

『顕浄土真実教行証文類』信文類

救いがたい三種の人たちとは五逆《ごぎゃく》、謗法《ほうぼう》、一闡提《いっせんだい》の罪を背負った人のこと。簡単にいうと親殺しや、世俗的な快楽のみを求め、仏を信じないといった者だ。

人は過ちを犯す。望んでそうするときもあれば、そうせざるをえなかったときもある。

また、ここで語られている罪は一般的なイメージとは少し異なる。基本的に宗教上の問題である。仏の目から見れば誰もが欲望にまみれた存在だ。

つまり「悪の自覚」という問題でもあるのだ。

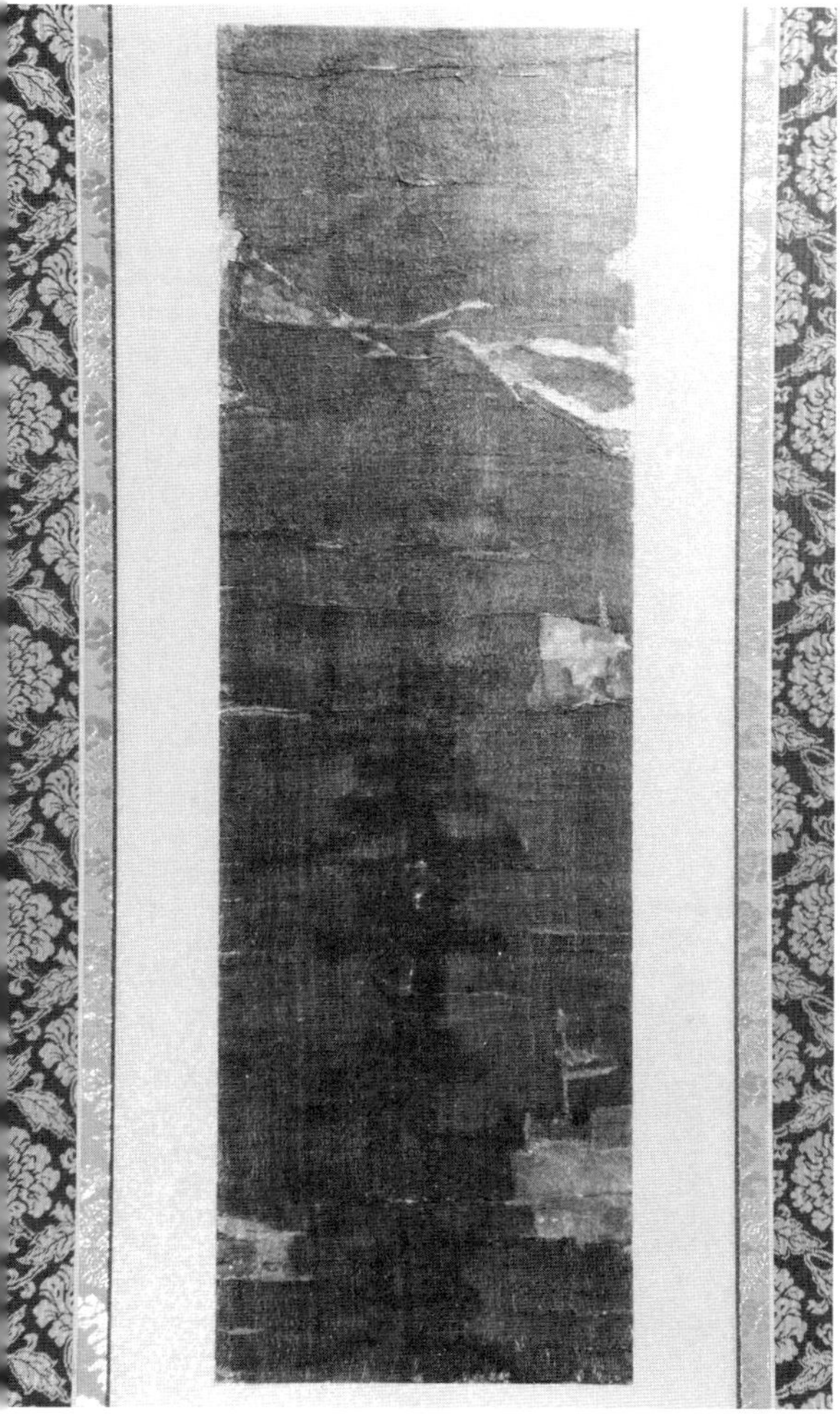

平次郎（のちの唯円）が妻を斬ろうとした際、身代わりになったと伝わる十字名号。茨城県・報仏寺蔵

親鸞の言葉49 すべての人が等しく成仏

あきらかに知んぬ、
これ凡聖《ぼんしょう》自力の行にあらず。
ゆゑに不回向《ふえこう》の行と
名づくるなり。
大小の聖人・重軽《じゅうきょう》の悪人、
みな同じく斉《ひと》しく
選択《せんじゃく》の大宝海に帰して
念仏成仏すべし。

明らかに知ることができた。
念仏は凡人や聖人の
自力の行ではない。
阿弥陀仏の
働きによるものだから
不回向の行というのだ。
大乗、小乗の聖者にしても
重罪、軽罪の悪人にしても、
みんな等しく念仏を称《とな》えて
成仏することだろう。

『顕浄土真実教行証文類』行文類

比叡山内に建つ源信《げんしん》の旧跡・恵心堂《えしんどう》。源信は『往生要集《おうじょうようしゅう》』などを著し、親鸞にも影響を与えた高僧のひとり。比叡山写真提供

もともと、回向《えこう》とは自分が行なった善行の結果を他人へとさし向けて成仏の助けとすることをいう。しかし、他力の教えでは、自分の善行で成仏するのではないと説く。だから心を浄土へと振り向けることを回向というう。これも仏の力によってなされるのである。

重い罪や軽い罪を背負った悪人など、すべての人に区別なく等しく成仏が約束される。

みずからの力で成立する行ではないので、不回向の行となる。仏の回向なので、われわれの側からいえば不回向となるのだ。

親鸞の言葉50 人は皆、慈悲の船に乗る

いま庶《ねが》はくは道俗等《どうぞくとう》、
大悲《だいひ》の願船《がんせん》には
清浄《しょうじょう》の信心を順風《じゅんぷう》とし、
無明《むみょう》の闇夜には
功徳《くどく》の宝珠《ほうしゅ》を大炬《だいこ》とす。

今、願うのは、僧侶も俗人も
仏のおおいなる
慈悲の誓いという船が、
清浄な信心を追い風とし、
念仏を大きな松明《たいまつ》として、
真理を知らない愚かしさの
闇を通っていただきたい。

『浄土文類聚鈔』

© naoki/PIXTA

流罪となった親鸞が船に乗ってたどり着いた居多《こた》ヶ浜《はま》

親鸞は、弥陀の本願を大きな船とたとえ、僧侶も、そうでない人も皆それに乗っているのだという。そしてその船を進ませる原動力となっているのが弥陀の本願に信順する心、信心であり、念仏こそは松明のようにその闇を晴らしてくれるものなのだ。

悟りを得ることは簡単ではないし、常人にはとてもできることではない。しかし、信心を得て念仏を称《とな》えさえすれば、迷うことなく浄土へと生まれることができるのだ。

親鸞の言葉51 ほかに並ぶもののない光

清浄光明《しょうじょうこうみょう》ならびなし
遇斯光《ぐしこう》のゆゑなれば
一切の業繋《ごうけ》ものぞこりぬ
畢竟依《ひっきょうえ》を帰命せよ

阿弥陀仏の清浄な光はほかに並ぶものがない。
この光に照らされるから私たちは
遥かな過去から重ね続けてきた悪業の束縛から解き放たれ、
地獄に落ちることがない。
人々の究極のよりどころとなる阿弥陀仏を、ただ頼みとせよ。

三帖和讃『浄土和讃』讃阿弥陀仏偈讃

茨城県笠間市稲田にある見返り橋(復元)。関東での布教を終え京都に帰る際、ここで別れを惜しんだという。稲田禅房西念寺(稲田御坊)の境内から西に約50メートル。西念寺写真提供

阿弥陀仏はつねにこの世界に生きるわれわれのことを思い、その光で人々を照らしてくれている。だから愚かしい自分の業《ごう》から解き放たれ、浄土へと往生できるのだ。

このように、阿弥陀仏は仏教体系における救済原理そのものなのである。阿弥陀仏は救いの象徴なのだ。

ここでも親鸞はひたすら弥陀へと帰依することを語る。それが親鸞の教えの第一歩であり、究極でもあるのだ。

親鸞の言葉52 仏の船に乗ることこそ救い

生死《しょうじ》の苦海ほとりなし
ひさしくしづめるわれらをば
弥陀弘誓《ぐぜい》のふねのみぞ
のせてかならずわたしける

この世における苦しみは、海のように際限がない。
そのような海に浮き沈みしているわれわれを、
阿弥陀仏の慈悲の船だけが乗せてくれて、
安楽の浄土へと導いてくれる。

三帖和讃『高僧和讃』龍樹讃

越後に流された親鸞が最初に住んだのが五智国分寺だった。写真は新潟県の重要文化財の三重塔

この世界は、よく迷いの世界だといわれる。多くの煩悩に溢れ、苦しみは数限りなく存在する。その際限のなさはまるで海のようにたとえられる。そして、われわれはその海のなかで浮いたり沈んだりしながらさまよっている存在なのだ。

阿弥陀仏はそんな私たちを救ってくれる。他力の働きにより愚者であっても往生できる。くり返し語られるこの教えは、苦悩で身動きできなくなったわれわれの人生のもつれを、解いてくれる。

親鸞の言葉53 煩悩さえも含めて

本願力にあひぬれば
むなしくすぐるひとぞなき
功徳《くどく》の宝海みちみちて
煩悩の濁水《じょくすい》へだてなし

阿弥陀仏の本願力の働きに出会った者は、
迷いの世界にとどまることがない。
阿弥陀仏の功徳がその人自身に満ち溢《あふ》れ、
煩悩の汚れもまったく意味のないものになる。

三帖和讃『高僧和讃』天親讃

阿弥陀仏の救いの力に出会えたその人は、たとえ死んだとしても、次にもう迷いのあるこの世界に生まれることがない。それは、その人自身に阿弥陀仏の功徳が満ちるからだ。出会う、というのは信心を得るということ。

信心を得たから、イコール煩悩がなくなるというわけではないが、その煩悩が往生の妨げになることもなくなるのだ。煩悩がなくならないと嘆く必要はない。それも含めて救ってくれるのが阿弥陀仏なのだ。

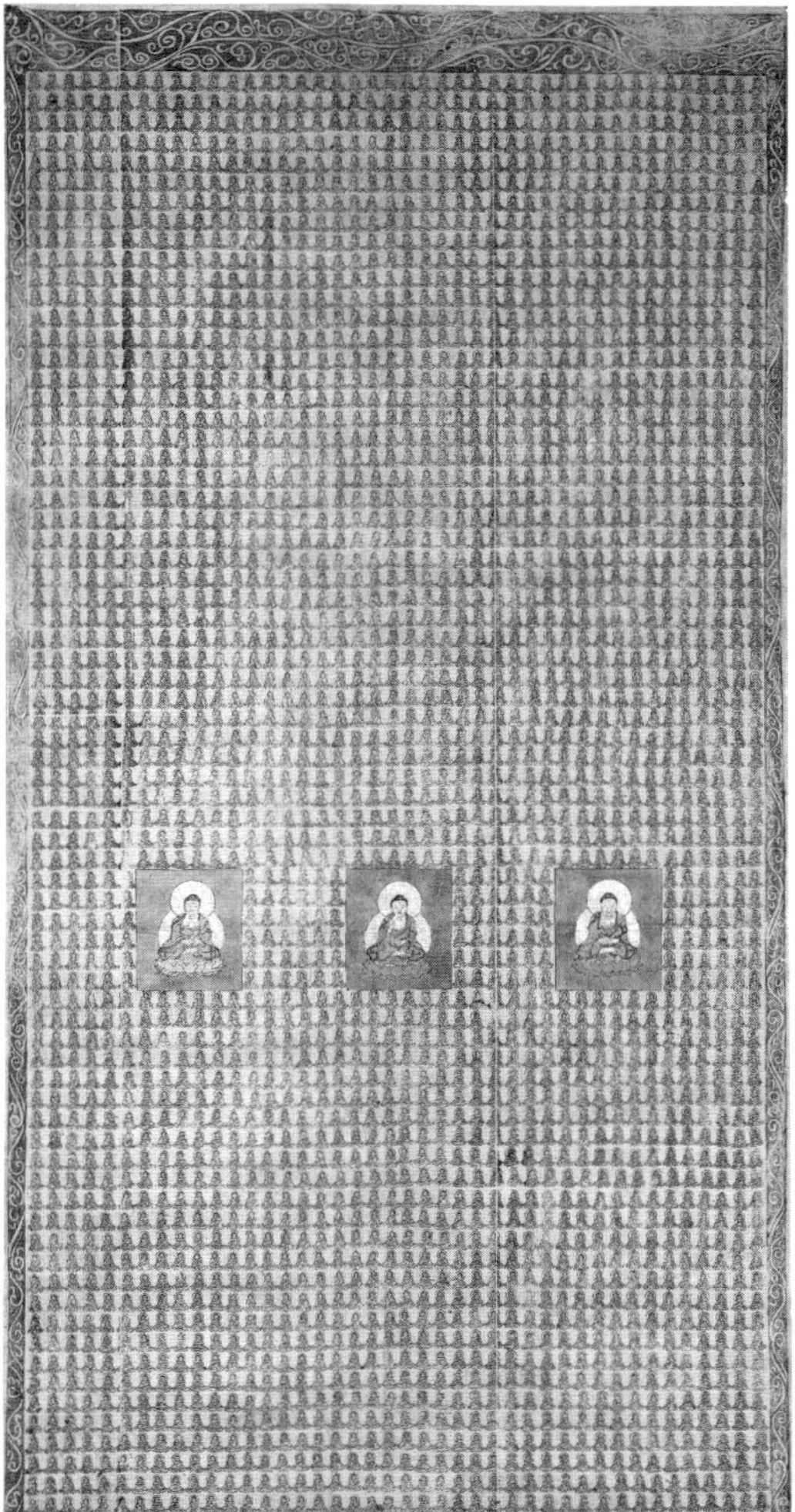

龍谷大学所蔵の「三劫三千仏」。過去、現在、未来を表わす三仏の周囲に千仏が配されている

親鸞の言葉54　偽りの世界で出会えた真実

煩悩具足《ぼんのうぐそく》の凡夫《ぼんぷ》、火宅《かたく》無常の世界は、
よろづのこと、みなもつてそらごとたはごと、
まことあることなきに、
ただ念仏のみぞまことにておはします。

煩悩にまみれた愚かな人や、
苦しみに満ちたこの無常な世界には、
すべてのことが嘘、偽りだらけで、何一つ真実はない。
そんななかで、ただ念仏だけが真実なのだ。

『歎異抄』後序

この世にあることはすべて偽物、嘘だと親鸞はいう。なぜなら世界は自分を通してしか見ることができない。そこにははからいが含まれてしまうからだ。

そんななかで念仏のみがただ一つの真実だと続ける。偽りだらけで、偽物の自分、そんな自分にすら信心を起こし浄土に生まれ変わらせてくれる。

やがて真実の世界へと帰っていくことが定まる。帰る世界があるから、この世界を生き抜ける。

法界寺阿弥陀堂。京都市伏見区日野西大道町にある。幼少期の親鸞もここに安置された阿弥陀如来像に手を合わせていたであろう。国宝

親鸞の言葉55 阿弥陀仏はいつもとなりに

弥陀成仏のこのかたは
いまに十劫《じっこう》をへたまへり
法身《ほっしん》の光輪きはもなく
世《せ》の盲冥《もうみょう》をてらすなり

阿弥陀仏が仏となられてから
十劫という長い時間が過ぎている。
阿弥陀仏の智慧の光はすべての世界に行きわたり、
煩悩に迷っている人々を照らしてくれる。

三帖和讃『浄土和讃』讃阿弥陀仏偈讃

流刑地の越後(現在の新潟県)でも布教を続けた親鸞。
その中心地には現在、本願寺国府別院《こくふべついん》が建つ

法蔵菩薩《ほうぞうぼさつ》は辛い修行に耐えられないような人たちをも救おうと四十八の誓いを立てた。そしてそれを成就させ、阿弥陀仏となった。それから長い時間がたっているが、今なお世に生きるすべての人々を救おうとしてくれているという。

その光はつねにわれわれを照らしてくれているが、信心を得ていない状態では気づけない。だからといって見捨てられることはない。阿弥陀仏はわれわれが救われるまで側に寄り添ってくれているのだ。

親鸞の言葉56　誓願に出会えたのは仏縁

ああ、弘誓《ぐぜい》の強縁《ごうえん》、
多生にも値《もうあ》ひがたく、
真実の浄信《じょうしん》、
億劫《おくごう》にも獲《え》がたし。
たまたま行信《ぎょうしん》を獲ば、
遠く宿縁《しゅくえん》を慶《よろこ》べ。

ああ、この大いなる本願は、
何度生まれ変わっても
会えるものではない。
仏みずからが与えてくれた
真実の信心は永いときをへても
得ることは難しい。
偶然この行と
信心を得られたのであれば、
積み重ねてきた
仏縁のおかげと喜ぶのだ。

『顕浄土真実教行証文類』総序

西本願寺所蔵の親鸞聖人御絵伝第3幅第5段「稲田興法《いなだこうぼう》」(部分)。常陸(現在の茨城県)に入った親鸞が草庵を開く様子が描かれている

阿弥陀仏の誓願の力に出会うことは、積み重ねてきた仏縁によるものであり、みずからの考えや行ないでどうにかなるものではない。それほどまでに真実の教えに出会うことは難しいもので、何度も生まれ変わってようやく出会えたのだ。それはとても喜ばしいことなのだ。

みずからを悪人だといい切る親鸞。だがいっぽうで、仏への感謝もくり返し述べている。冒頭の「ああ」には親鸞の万感が込められており、読む者の胸を打つ。

親鸞の言葉57 罪悪はそのまま功徳になる

罪障功徳《ざいしょうくどく》の体《たい》となる
こほりとみづのごとくにて
こほりおほきにみづおほし
さはりおほきに徳おほし

罪悪がそのまま功徳の本体になる。
それは氷と水の関係のようで、
氷が多ければ、溶けたときの水もまた多い。
そのように、煩悩が多ければ多いほど、功徳もまた多くなる。

三帖和讃『高僧和讃』曇鸞讃

冬の五智国分寺。豪雪地帯として知られる新潟。親鸞にとっても厳しい環境だったはずだ

罪とは煩悩のこと。ふつうに考えると悟りを得るためには煩悩は捨て去るべきものだと思われる。しかし親鸞は、その煩悩こそがそのまま功徳になるという。

煩悩ゆえに人は悩み、苦しむ。それが仏の光に照らされて、氷のように溶け、功徳へと転ずることが起こるのだ。ここには宗教体験における大転換が語られている。

考えてみれば、親鸞自身も生涯で多くの苦悩に遭遇してきた。その歩みがこの和讃には表されているのではないか。

親鸞の言葉58 罪を嘆く必要はない

弥陀の願力は
生死大海《しょうじだいかい》のおほきなる船筏《ふねいかだ》なり。
極悪深重《ごくあくじんじゅう》の身なりと
なげくべからずとのたまへるなり。

阿弥陀仏の本願の力は、生と死をくり返す
この世界を渡る大きな船、筏だ。
だから自分の身が、この上ない悪事を犯した
罪深いものだと絶望しなくてよいのだ。

『尊号真像銘文』

茨城県笠間市の玉日御廟《たまひごびょう》（稲田禅房西念寺飛地境内。同寺から東に約1キロ）。親鸞の妻とされる玉日姫の墓。恵信尼と同一人物かどうかは諸説ある。西念寺写真提供

真面目に生きようとすればするほど、みずからの悪が見えてくる。仏道を歩めば歩むほど、自分の罪の重さに苦悩する。しかし、人生をやり直すことはできない。われわれは自分の行為や罪を背負って生きていかなければならない。さらに、次から次へとやってくる憎悪や嫉妬や怒りの流れにのみ込まれそうになる。

そんな自分を、阿弥陀仏の願いの船へと投げ入れるのだ。この船はかならず向こう岸へとたどり着かせてくれる。

親鸞の言葉 番外

行者、宿報にてたとひ女犯すとも、
われ玉女の身となりて犯せられん。
一生のあひだ、よく荘厳して、
臨終に引導して極楽に生ぜしめん。

『御伝鈔』（救世観音が告げたという言葉）

あなたが縁によって女性と交わるのであれば、私が女となって身を任せましょう。一生の間添い遂げ、臨終を迎えたら極楽に導きましょう。

第5章

人とのつながり

『親鸞の言葉59』仏からいただいた信心

善信《ぜんしん》（親鸞）が信心も、聖人《しょうにん》（法然）の御信心も一つなり。

善信の信心も、法然聖人の御信心も同一だ。

『歎異抄』後序

親鸞聖人御絵伝第2幅第3段「信心諍論《しんじんじょうろん》」(部分)。59で取り上げた同朋たちとの論争の場面。中央が法然、左側の前に座すのが親鸞。西本願寺蔵

親鸞がまだ善信と名乗り、法然聖人の下で修行に励んでいた頃、同朋たちと信心について論争になって出た言葉。これに同朋たちは語気を強めて反論した。師である法然と同じとはどういうことだと。

親鸞はその知恵や才能が法然聖人と同じだといったわけではない。信心とは、つまり仏からいただいたもの。だからこそ自分の信心も、聖人の信心も同じであり、同じ浄土へと生まれることができるのだと主張したのだ。

親鸞の言葉60 助けてくれる人に報いる

如来大悲《にょらいだいひ》の恩徳《おんどく》は
身を粉《こ》にしても報ずべし
師主知識《ししゅちしき》の恩徳も
ほねをくだきても謝《しゃ》すべし

私たちを救ってくれる阿弥陀仏の
おおいなる慈悲の恩には、身を粉にして報いねばならない。
私たちに阿弥陀仏の教えを説いて導いてくれた
師の恩に対しても、骨を砕くように報いなければいけない。

三帖和讃『正像末和讃』三時讃

親鸞聖人御絵伝第3幅第3段「法然配流」(部分)。1207年、土佐への流刑が決まった法然が出発する場面を描いた図。法然は法性寺《ほっしょうじ》の御堂に立っている。西本願寺蔵

この和讃を詠んだとき、親鸞85歳。息子である善鸞を絶縁した直後のことだ。そのときの想いもおおいに込められているのだろう。

500首をゆうに超える親鸞の和讃のなかでもとくに有名なもので、今日では「恩徳讃」と呼称され、メロディーをつけて歌われている。法然聖人の中陰法要の際、兄弟子・聖覚が作成した表白文を取り入れて詠まれている。

他力の教えと出会った喜び・感謝、師への思いが表現されている。

『親鸞の言葉61』生きるためにはお金も必要

銭《ぜに》二《に》十《じっ》貫《かん》文《もん》、
たしかにたしかに
給《たま》はり候《そうろ》ふ。
あなかしこ、あなかしこ。

銭二十貫文、
確かに頂戴いたしました。
とても恐れおおいことでございます。

『親鸞聖人御消息』第三十八通

大部山真仏寺本堂。茨城県水戸市飯富町。親鸞の弟子のひとりである真仏が開いた寺。1218年、真仏は親鸞を招いて、百日間の説法を行なったという。写真提供：真仏寺

文とはお金の単位で、1貫文は1000文になる。詳しくは定かではないが、20貫文を現在の貨幣価値に換算すると、100万円ほどではないかとされる。お布施として受け取ったものだろうと推測される。

お金というと汚いもの、欲望の塊といったイメージが先行する。かといってお金がなければ日々の生活もままならない。親鸞とて例外ではない。このように、さまざまな形で多くの人たちの助けを得ながら生活していたのだろう。

親鸞の言葉62

猟師や商人も皆、われら

れふし・あき人、さまざまのものはみな、いし・かはら・つぶてのごとくなるわれらなり。

漁師・猟師や商人、さまざまな者はみんな、石や瓦、小石のようなわれらだ。

『唯信鈔文意《ゆいしんしょうもんい》』

この言葉の真意を知るには、当時の習俗・俗信や職業観・倫理観を知らねばならない。猟師や漁師は生きているものを殺す者、商人はすべてのものを売り買いする者といわれ、下賤な人間とされていた。

もちろんとても大切な職業であり、今日ではそういったいわれなき蔑視は否定される。しかし当時はこれらの人たちは救われないものと思われていた。だが親鸞はそれらの人が、われらだといい切っている。親鸞の立ち位置は、苦悩する人々、排除される人々と共にあったのである。

大部山真仏寺にある親鸞上人像。茨城県水戸市飯富町。写真提供：真仏寺

親鸞の言葉63 悪友には気をつけろ

「つねに悪友《あくう》に随《したが》ふ」といふは、「悪友」とは、善友《ぜんぬ》に対す、雑毒虚仮《ぞうどくこけ》の人《にん》なり。

「つねに悪友に従う」というのは、
悪友は善友に対する存在。
毒まじりの善行を行なう偽りだらけの人のことだ。

『愚禿鈔』

大部山真仏寺の近くにある親鸞聖人御田植御旧跡。茨城県水戸市飯富町。親鸞はここで、みずから農夫に混じって田植えを手伝いながら、念仏の教えを説いたという

　善友とは仏の道理を教えてくれ、導いてくれる人のことをいう。そして悪友とは毒まじりの善行を行なう者、つまり自分のことしか考えていない人のことだ。

　そういう人に出会った経験はないだろうか。口先ではよいことを喋るが、いざとなると自己保身に走るような人間に。世のなかには嘘や偽りが満ち溢れている。そのなかで真の友に出会えることはこのうえない幸せだ。自分の都合ばかりを振り回す人には近づかないほうがよさそうである。

親鸞の言葉64　毒を楽しむためではない

薬あり毒を好めと候《そうろ》ふらんことは、あるべくも候《そうら》はずとぞおぼえ候ふ。

薬があるからといって、好んで毒を飲もうとするなど、あってはならないことだ。

『親鸞聖人御消息』第二通

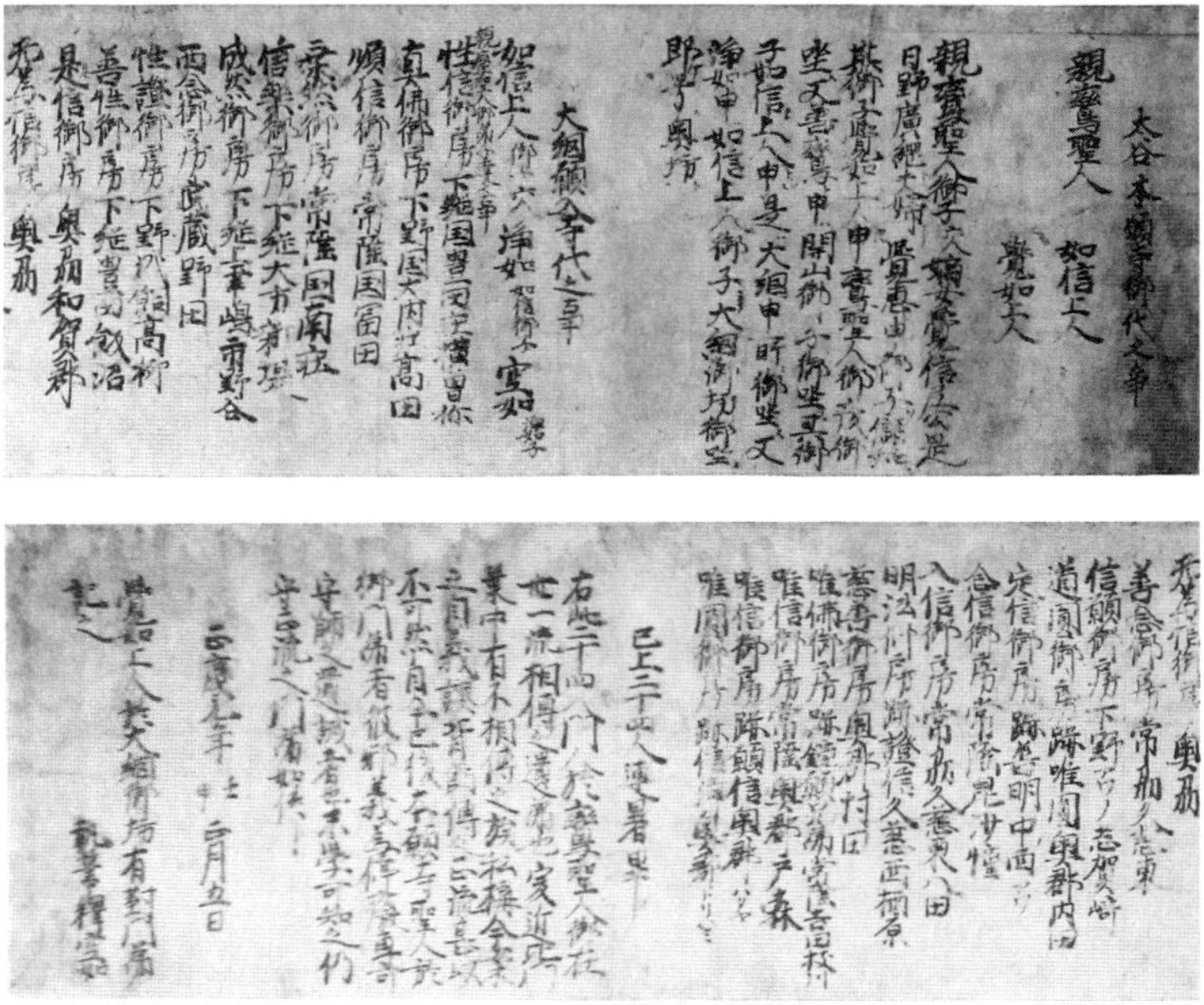

二十四輩牒《にじゅうよはいちょう》。1332年、茨城・願入寺蔵。親鸞の死後、本願寺三世の覚如立会いのもと、関東時代の親鸞の門弟24人の名が確認され、記された文書

阿弥陀仏の本願によって、衆生はいっさいの区別なく救われるということは、くり返し出てきた。罪を犯した者も救われるのである。

それを曲解し、「いずれ救われるなら、罪を犯してもいいのではないか?」と考える人も出てくる。親鸞はそれに釘をしっかりと刺している。そもそもそのような考えをもっている人が、本当の信心を得られるとは思えない。薬は、毒を楽しむためにあるものではないのだ。

〚親鸞の言葉65〛悪人には近寄らないこと

悪をこのまんにはつつしんでとほざかれ、ちかづくべからず。

悪を好む人々に対しては謹んで遠ざかれ、近づいてはいけない。

『親鸞聖人御消息』第二通

新潟県南西部の親不知《おやしらず》。流刑の際、親鸞はここを越えて船に乗ったという

「他力本願」という言葉は、「人まかせ」といったイメージがある。「悪を犯しても救われる」といえば、「どんな悪いこともやり放題」のように聞こえる。いずれも誤りである。

親鸞自身、誤解した者に教えを説くこともあったのだろう。悪を好む人からは遠ざかるべきだといっている。これは現代社会のわれわれにもそのまま通用する。悪を好む人に近づくと、自分自身の倫理的ハードルが下がってしまう。悪事のほうが感染力が高いのだ。

親鸞の言葉66 親子の縁を切る

いまは親といふことあるべからず、子とおもふことおもひきりたり。

今は親と思うこともなく、
子と思いも断ちきりました。

『親鸞聖人御消息』第九通

浄土真宗本願寺派弘徳寺。神奈川県厚木市飯山。1232年頃、親鸞が立ち寄った小堂を同行していた信楽房に託したことにより創建。親鸞の息子・善鸞はここで亡くなったと伝わる。写真提供：弘徳寺

この手紙は慈信房《じしんぼう》（善鸞）義絶状ともいわれる。多くの同胞のため、晩年の親鸞はみずからの息子である善鸞を関東へと送り出した。しかし息子は徐々に親鸞の教えと異なるものを広め始め、関東の同朋たちに大混乱を招いた。

その結果、84歳にして親鸞は息子を絶縁せざるをえなかったといわれている。同朋を惑わせてしまったこと、送り出した息子が変わってしまったこと。家族をもった僧・親鸞ならではの苦悩がここにある。

親鸞の言葉67 体調を顧みず自筆で

南無阿弥陀仏《なもあみだぶつ》を
となへてのうへに、
無礙光仏《むげこうぶつ》と申さんは
あしきことなりと
候《そうろ》ふなるこそ、
きはまれる御《おん》ひがごとと
きこえ候《そうら》へ。

『親鸞聖人御消息』第十三通

南無阿弥陀仏と
称《とな》えたうえに、
無礙光仏と称えるのは
間違っている、
という見解こそ
大きな勘違いだ。

親鸞聖人御絵伝「蓮位夢想《れんいむそう》」(部分)。聖徳太子が親鸞に礼拝している夢を見る蓮位(右)。黒衣で立っているのが親鸞。西本願寺蔵

南無阿弥陀仏という名号は阿弥陀仏がわれわれに与えてくださったものだから、それ以外の名号、たとえば無礙光仏と称えることは間違いではないか、と疑問があったようだ。これについて親鸞は否定している。

この手紙を受け取ったとき、親鸞は体調が悪く当初は高弟の蓮位《れんい》という僧に書きとらせていた。しかしこの疑問に対する答えは筆をとってみずから返事を書き記した。熱心な同朋に対して、自身の手で応えたかったのだろう。

親鸞の言葉68　息子への深い失望

かへすがへす
不便《ふびん》のことに候《そうろ》ふ。
ともかくも仏天の
御《おん》はからひに
まかせまゐらせ
させたまふべし。

かえすがえす
不憫なことと思います。
とにもかくにも、
御仏のおはからいに
お任せになってください。

『親鸞聖人御消息』第十七通

茨城県・無量壽寺《むりょうじゅじ》。親鸞から無量壽寺を任せられた順信《じゅんしん》の弟子が真浄だと思われる。
写真提供：鉾田市観光協会

息子の義絶より後、真《しん》浄房《じょうぼう》という僧へ宛てた手紙。そのなかでは念仏者以外の者を頼って念仏を広めるべきではないと諌《いさ》め、さらに弾圧を受けるのであれば別の土地へと逃げることを諭《さと》している。

手紙のなかではたびたび「かえすがえす」「不憫」という単語が出てくる。また、丁寧な敬語を使って書かれており、親鸞の人柄が感じられる。と同時に真浄房へのねぎらいと、深い悲しみが伝わってくる一通だ。

『親鸞の言葉69』自分が悟って助けるから

親鸞は父母《ぶも》の孝養《きょうよう》のためとて、一返にても念仏申したること、いまだ候《そうら》はず。

親鸞は、父母の孝養のためと考えて、追善供養の念仏を称《とな》えたことはまだ一度もない。

『歎異抄』第五条

京都市伏見区日野《ひの》に建つ真言宗の寺・法界寺《ほうかいじ》。親鸞はこの寺で生まれて、幼少期に暮らしていたとされる

追善供養とは、亡くなった者に対して、善根功徳を回向するために行なわれる供養のことだ。われわれは「死者の追善のために念仏をする」ととらえがちである。しかし親鸞はそれを否定する。

念仏は自分の善根でもなく、われわれにはその功徳を死者に回向する力もない。

また、浄土で仏と成れば、縁のある人から救っていける。本当の孝養とは何かを考えさせられる言葉である。

親鸞の言葉70　人と人のつながり

しかれば、大聖《だいしょう》の真言、
まことに知《し》んぬ、
大涅槃《だいねはん》を証《しょう》することは
願力《がんりき》の回向《えこう》によりてなり。
還相《げんそう》の利益《りやく》は
利他の正意を顕《あらわ》すなり。

以上のとおり、
釈尊の真実の言葉がわかる。
それによると
私たちが悟りを得られるのは
阿弥陀仏が本願の力を
回向してくれているからだ。
阿弥陀仏の還相回向の利益が、
利他の正しい意味を
表しているのだ。

『顕浄土真実教行証文類』証文類

茨城県・稲田神社。かつては常陸（茨城県）でも有数の大社で、資料を求めて親鸞も訪れたとされる

親鸞にとって、釈尊の真実の言葉とはわれわれが悟りを開くことができるようにと、阿弥陀仏がその本願力をさしむけてくれているという教えだった。

還相回向とは、往生して悟りを得た者が、いまだ往生していないこの世の人を救うことをいう。このとき、往生した自分と縁の深い人から助けるといわれている。壮大な宗教思想である。このような視点で自分と社会を見つめ直すと、ずいぶん意味が変わってくるのではないか。

『親鸞の言葉71』往相、還相、二つの回向

南無阿弥陀仏《なもあみだぶつ》の回向《えこう》の
恩徳広大不思議にて
往相《おうそう》回向の利益《りやく》には
還相《げんそう》回向に回入《えにゅう》せり

南無阿弥陀仏という名号を私たちに与えた弥陀の徳は、
広大であり不思議だ。往相回向の働きで
浄土へ往生させてもらうと、
次には還相回向の働きで、
この世にふたたび還《かえ》って人々を教化させる。

三帖和讃『正像末和讃』三時讃

蓮は泥のなかで美しく咲くため往生の象徴として仏教全般で尊重される

© atsu/PIXTA

阿弥陀仏は南無阿弥陀仏という名号をわれわれに与えて、浄土へと導いてくれている。往相回向とは自分とほかの人とが、共に浄土へと往生できるよう回向すること。そして還相回向とは浄土へと往生できた後、みずからの功徳をもってこの世界へと戻って、まだ往生が決定していない人を助けることをいう。

しかしこれは自分の力でどうこうできるものではない。それもすべて阿弥陀仏の本願力によるもので、これを他力というのだ。

親鸞の言葉72　自分は自分

この法をば
信ずる衆生《しゅじょう》もあり、
そしる衆生もあるべしと、
仏説《ぶっと》きおかせたまひたる
ことなれば、われはすでに
信じたてまつる。

念仏の教えを
信じる人もいれば、
それを
謗《そし》る人もいるだろうと
仏がすでに説いている。
それゆえ私はすでに
この教えを信じさせて
いただいている。

『歎異抄』第十二条

© tomo/PIXTA

常陸での布教の中心地であった稲田草庵の跡とされる地に立つ「お葉付き銀杏」。現在は稲田禅房西念寺（稲田御坊）境内に位置する。親鸞がみずから植えたとされる。茨城県の天然記念物

親鸞の生きていた頃、「私の信じている教えのほうが優れている」「お前の信じているものは偽物だ」などと論争になることがあったようだ。だが仏は、そのような人もいるだろうとすでに説いている。

人の世ではつねにこのような場面が生まれる。しかし、仏法を拠《よ》りどころとしている者は、揺らぐことはない。このような揺らぎや迷いのない心を仏教では金剛心と呼ぶ。

『親鸞の言葉　番外』

五劫思惟《ごこうしゆい》の苗代に、
兆載永劫《ちょうさいようごう》の代《しろ》をして
雑行《ぞうぎょう》自力の草をとり、
一念帰命《いちねんきみょう》の種おろし
念念相続の水流し、
往生の秋になりぬれば
実りを見るこそ嬉しけれ

「田植え歌」（民間伝承）

阿弥陀さまは、永いときをかけて
苗代と植代《うえしろ》をご用意くださった
次々と生えてくる自力の草を取り、
信心決定の種をまき、
日々お念仏の水を流し続け、
往生の秋を迎えて実りを見る、
これほどうれしいことはない

第6章
老いの苦悩

親鸞の言葉73

もはや説ける身ではない

またくはしくは
この文《ふみ》にて申すべくも候《そうら》はず。
目もみえず候《そうろ》ふ。
なにごともみな
わすれて候ふうへに、
ひとにあきらかに
申すべき身にもあらず候ふ。

『親鸞聖人御消息』第十通

くわしいことは、
この手紙では
説明できません。
それに、私はもう
目も見えなく
なってきたのです。
何事も、皆忘れて
しまいましたし、
人にはっきりと
説明できる
身でもありません。

親鸞聖人御絵伝第4幅第3段「病床説法《びょうしょうせっぽう》」(部分)。病中で説法する親鸞を描いている。西本願寺蔵

この手紙は差出人からの質問に、親鸞が理路整然と答えたものだ。そのなかでは五説《ごせつ》(あらゆる経を説いた人によって5種に分類したもの)や三宝《さんぼう》(仏教における3つの宝のこと。仏、法、僧の3つになる)について懇切丁寧に説明がなされている。

だがそんな手紙の最後の一文はこのように結ばれている。この手紙はじつに御年85歳のときにしたためられたもので、みずからの老いに関しての心境が吐露されている。

親鸞の言葉74 往生の喜びと悲しみ

これにすぐべくも候《そうら》はず、めでたく候《そうろ》ふ

これ以上のものはない。結構です。

『親鸞聖人御消息』第十三通

親鸞聖人御絵伝第４幅第３段「病床説法《びょうしょうせっぽう》」(部分)。入滅した親鸞が描かれている。西本願寺蔵

この手紙のやり取りのなかでは、ある僧の最期について触れられている。病気の体をおしてまで親鸞の御許《みもと》で死にたいといった僧は、最期の瞬間まで信心が変わることなく、南無阿弥陀仏と称《とな》えながら合掌して静かに息を引き取った。僧の息子への手紙を代筆した高弟・蓮位《れんい》が、内容の確認を求めたところ、僧の最期のところで涙を流しながら親鸞は右のようにいったという。往生の見事さ。この手紙を読む息子の気持ち、さまざまな交錯する感情が親鸞にはあったのだろう。

親鸞の言葉75　いずれ浄土で会えるとも

かならずかならず
まゐりあふべく候《そうら》へば、
申すにおよばず候《そうろ》ふ。

かならず、かならず
浄土にてお会いになること
間違いありませんから、
言葉にして申す必要もありません。

『親鸞聖人御消息』第十五通

親鸞聖人御絵伝第4幅第4段「葬送荼毘《そうそうだび》」(部分)。亡くなった親鸞を延仁寺《えんにんじ》で荼毘にふしているところ。西本願寺蔵

同朋の往生について語っている親鸞の手紙である。自分よりも先に往った同朋だが、その信心は自分とまったく変わりがなかった。だから、かならず浄土で会えると確信していた。

このことは、親鸞にとって、もう言語化する必要もないほど自明のことだったのであろう。

「かならずまた会える世界がある」という確信は、浄土仏教の本質に関わることである。同じ信心の道を歩む人々ならではの大きな生命感である。

親鸞の言葉76 老いた自分の身を思う

この身は、いまは、
としきはまりて候《そうら》へば、
さだめてさきだちて
往生し候《そうら》はんずれば、
浄土にてかならずかならず
まちまゐらせ候《そうろ》ふべし。

私は、今や
もうすっかり年をとって
しまいましたから、
きっとあなたより
先に往生することでしょう。
かならず、かならず
浄土でお待ちしています。

『親鸞聖人御消息』第二十六通

18世紀、朝鮮で絹本に描かれた阿弥陀仏

親鸞の門弟のひとり、有阿《ゆうあ》弥陀仏《みだぶつ》の質問に答えた手紙。そのなかで念仏往生を否定することの誤りを正し、信心と念仏、どちらかだけでは往生できず、どちらも必要なのだと説く。

そして最後には、老齢の身を思い、みずからが先に亡くなるであろうことを記している。親鸞が行なった同朋たちとの手紙のやり取りが残っているのは、80歳以降のことである。老いや死について淡々と語る親鸞。その姿は人の胸をうつものがある。

『親鸞の言葉77』老齢のわが身、力およばず

かへすがへす
なげきおぼえ候《そうら》へども、
ちからおよばず候《そうろ》ふ。

かえすがえす
悲しいことと思いますが、
私の力がおよぶところではありません。

『親鸞聖人御消息』第三十三通

新潟県上越市板倉区にある恵信尼の墓。親鸞の配流地の越後で結婚（京都との説も）した恵信尼は、6人（という説が有力）の子供を残している。本願寺国府別院写真提供

関東へみずからの名代《みょうだい》として送った息子・善鸞《ぜんらん》への手紙のなかの一文。親鸞の面授たち（直接教えを受けた者）の信心が変わってしまったと報告を受けて嘆き悲しんでいる。

老齢のためみずからが赴いて道を正すこともかなわず、名代として善鸞を送ったにもかかわらず残念な結果になった。親鸞も己の無力さを知り悲しんだようだ。しかし、親鸞はこの頃からたいへんな情熱で多量の著述活動を行なうのだ。なんという人生であろうか。

『親鸞の言葉78』何もできず、思い悩むこと

身のかなはず、わびしう候《そうろ》ふことは、ただこのことおなじことにて候ふ。

この私の力の
およばないことでありますし、
思い煩《わずら》っていることは
ただこのことばかり、
いつも同じことであります。

『親鸞聖人御消息』第三十六通

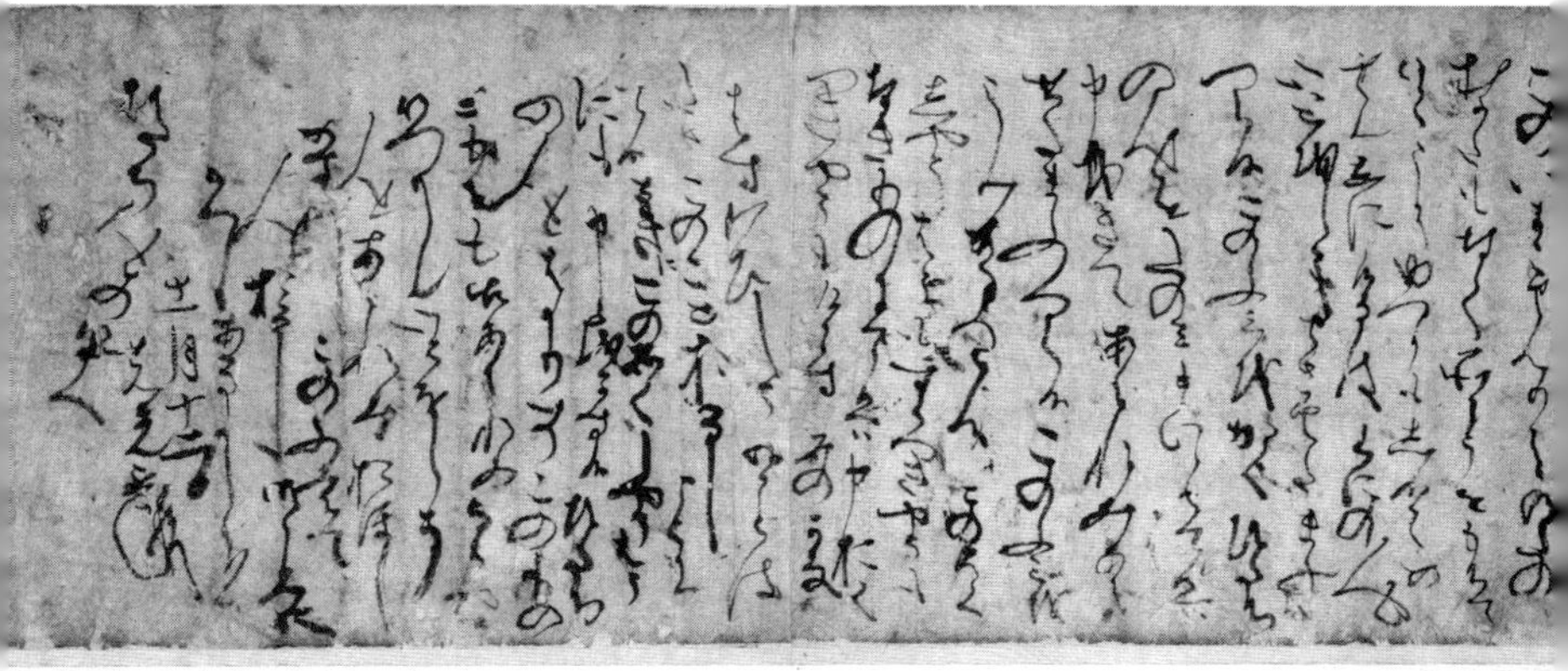

親鸞聖人御消息第三十六通。親鸞筆。西本願寺蔵

「いまごぜんのはは」へと宛てた手紙。「いまごぜんのはは」とは、親鸞の妻や末娘など諸説あるが、実際のところ何者なのかくわしいことはわかっていない。しかし親鸞にとって大切な人物であったのだろう。

死を強く意識した親鸞は、自分のいなくなった後に残される彼女のことをとても気にかけていた。このような苦悩は、ほかの諸師に比べて、親鸞特有のものである。親鸞は家庭をもった。だから出家者にはない苦悩と喜びを経験することになる。ここにも親鸞の魅力がある。

『親鸞の言葉79』亡き後の心残り

いとほしう、人々あはれみおぼしめすべし。

不憫なものと、
みなさん、あわれに思ってください。

『親鸞聖人御消息』第三十六通

この手紙は筆跡の乱れが著しく遺言状ともいわれる。「いまごぜんのはは」（正体不明）宛てへの手紙だが、常陸《ひたち》（現在の茨城県）の門弟へ見せるようにも書かれている。そのなかで自分が亡き後「いまごぜんのはは」をあわれに思い世話をお願いします、と付言してあるからである。

親鸞は迫る自分の臨終と向き合い、残される者のことを心配していた。「臨終の最後のひと息まで、自分の都合は消えない」といい切った親鸞。どのような思いでこの文をつづったのであろうか。

「いまごぜんのはは」ではないかと推定されるうちのひとり、親鸞の末娘・覚信尼の公碑。京都市東山区五条橋東の大谷本廟にある。写真提供：西本願寺

親鸞の言葉80　どのような死に方だろうと

なによりも、去年《こぞ》・今年、老少男女《ろうしょうなんにょ》おほくのひとびとの、死にあひて候《そうろ》ふらんことこそ、あはれに候《そうら》へ。

いずれの年にもまして、去年と今年に老若男女、多くの人々が相次いで亡くなられたこと、本当に悲しく思います。

『親鸞聖人御消息』第十六通

餓鬼道に堕《お》ちた者を描いた12世紀後半の絵巻「餓鬼草紙《がきぞうし》」の1枚

常陸（現在の茨城県）の門弟である乗信《じょうしん》へ宛てた手紙の一文。1260年のことで、多くの人が亡くなったとは、正嘉《しょうか》の飢饉のことだと思われる。

この手紙では、どのような死に方をしても、信心さえあればかならず往生できるということを改めて説いている。このとき親鸞88歳。かなりの高齢である。多くの人がなすすべもなく亡くなるのを見続けて、心を痛めると同時に、自分に迫る老病死を重ね合わせたことだろう。

『親鸞の言葉81』私は大嘘つきにすぎない

よしあしの文字《もんじ》をもしらぬひとはみな
まことのこころなりけるを
善悪の字しりがほは
おほそらごとのかたちなり

善悪の意味も、その言葉さえも知らない人は、
自分が無知な人間であることを知っている誠の人だ。
今、私が和讃をつくり、
阿弥陀仏の本意を知ったかのように
善悪を語ることは、大嘘つきの姿だ。

三帖和讃『正像末和讃《しょうぞうまつわさん》』自然法爾章

親鸞が往生したとされる善法院の跡に建つ、見真大師遷化の碑。「見真大師」は親鸞の諡《おくりな》。京都市中京区柳馬場にある御池中学校のそばにある

帰洛した親鸞は数々の書を著した。『正像末和讃』の最後に挿入されたこの和讃では、多くの和讃を詠む自分の姿を大嘘つきだといっている。

これまでの長い人生で多くのことを学び、それを和讃として記してはいるが、それで阿弥陀仏の本意を知った気になっているのだと。まるでこれまでの自分をすべて否定するかのような詩だ。親鸞という人は、自分自身と向き合う点においてはじつに厳しい。その厳しさは80代後半になっても変わることはなかった。

『親鸞の言葉82』年経てなお名誉欲は尽きぬ

是非《ぜひ》しらず邪正《じゃしょう》もわかぬ
このみなり
小慈小悲《しょうじしょうひ》もなけれども
名利《みょうり》に人師《にんし》をこのむなり

ものの是非もわからず、
何が正しく、何が邪悪なのかも知らないこの私。
人のために何かをする慈悲もなく、
人を教えることもできない私が今、
和讃をつくって法を説いているのは、
人々に師と仰がれたいという欲からにすぎない。

三帖和讃『正像末和讃』自然法爾章

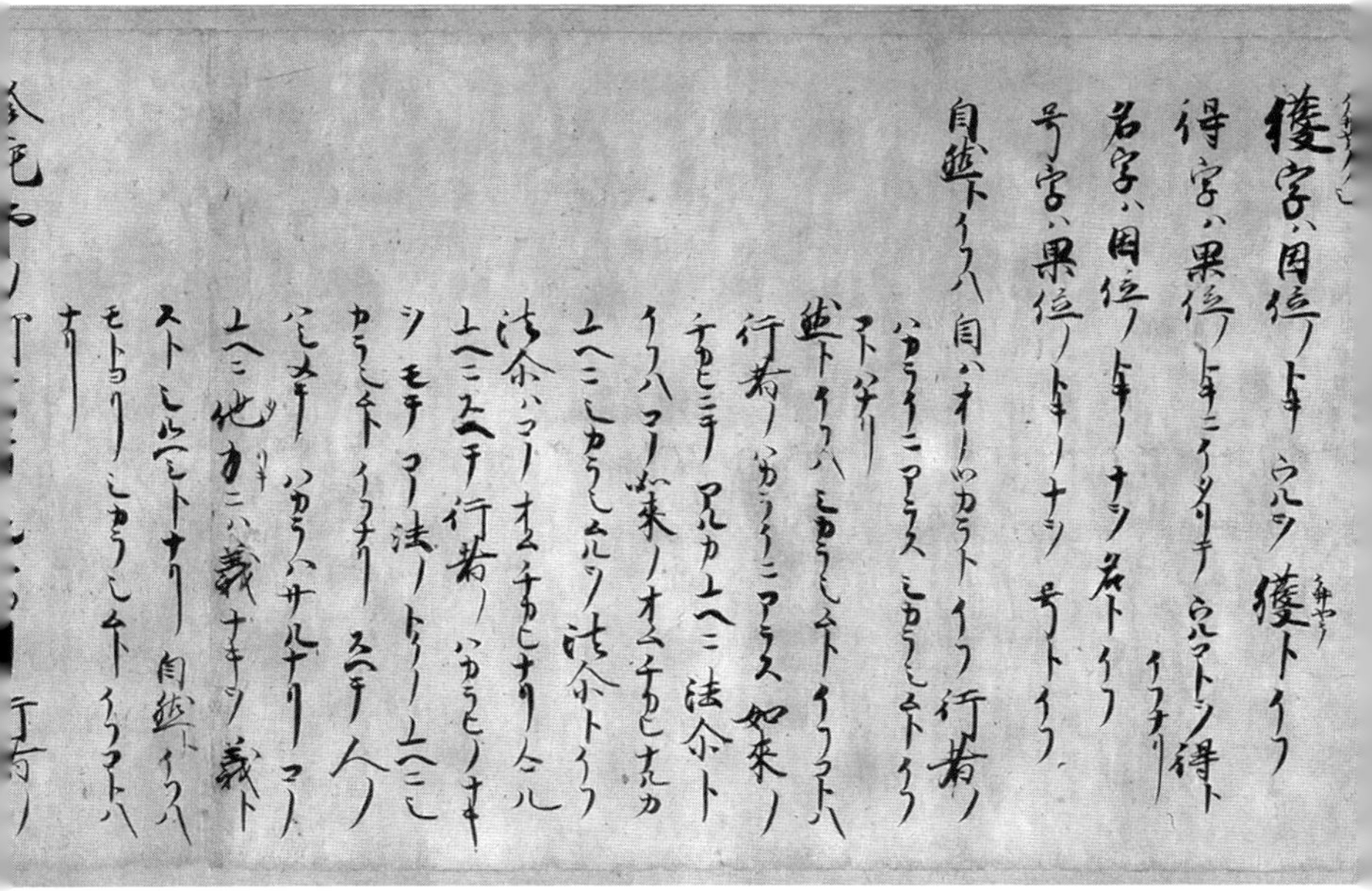
獲字ハ因位ノトキ ウルヲ 獲トイフ
得字ハ果位ノトキニイタリテ ウルコトヲ得ト
イフナリ
名字ハ因位ノトキノ ナヲ 名トイフ
号字ハ果位ノトキノ ナヲ 号トイフ
自然トイフハ自ハオノツカラトイフ行者ノ
ハカラヒニアラス シカラシムトイフ
コトハナリ
然トイフハ シカラシムトイフコトハ
行者ノハカラヒニアラス 如来ノ
チカヒニテアルカユヘニ法尓ト
イフ 法尓トイフハ コノ如来ノオムチカヒナルカ
ユヘニ シカラシムルヲ 法尓トイフ
法尓ハ コノオムチカヒナリケル
ユヘニ オホヨソ行者ノハカラヒノナキ
ヲモテ コノ法ノトクノユヘニ シカ
ラシムトイフナリ スヘテ人ノ
ハシメテ ハカラハサルナリ コノ
ユヘニ 他力ニハ義ナキヲ義ト
スト シルヘシトナリ 自然トイフハ
モトヨリ シカラシムトイフコトハ
ナリ

親鸞筆「獲得名号自然法爾御書」(部分)、三重県・専修寺蔵。
自然法爾ということについて書かれている

『浄土和讃』118首、『高僧和讃』119首、『正像末和讃』116首、あわせて353首。この三帖以外のものを含めると、500首以上の和讃を創作した親鸞。

『正像末和讃』の成立は親鸞85歳以降のこととみられている。ときには「弟子一人《いちにん》ももたず候《そうろ》ふ」（P30）と明言した親鸞は、老境に至っても人々から師として尊敬されたいという欲は消えないと語る。こうして揺れながらも、間違いなく往生へと導かれていく。それが自然法爾《じねんほうに》である。

親鸞の言葉 番外

一人居《い》て喜ばは
二人とおもふべし、
二人寄て喜ばは
三人と思ふべし、
その一人は親鸞なり。

ひとりで居てうれしいときは
二人だと思ってください、
二人で喜んでいるのなら
三人だと思ってください、
往生を遂げたこの親鸞は
あなたのとなりにいます。

『御臨末之御書』（創作）

第7章
他力の教え

親鸞の言葉83 煩悩捨て去らずとも

よく一念喜愛《いちねんきあい》の心《しん》を発《ほっ》すれば、煩悩を断ぜずして涅槃《ねはん》を得《う》るなり。

阿弥陀仏の本願をよく信じ、
信心が起きるならば、
煩悩を捨て去ることなく
涅槃を得ることができる。

正信念仏偈（『顕浄土真実教行証文類』行文類）

釈尊涅槃像。釈迦入滅の場面を描いている。龍谷大学図書館蔵

煩悩は悟りへの妨げであり、もともとは断滅すべきだと考えられていた。しかし、「人間はどこまでも煩悩から逃れることはできない」という思想が大乗仏教で発達する。みずからのあるがままの姿を見据えることで、悟りへと転ずる「煩悩即菩薩」の考えが発達していったのだ。

親鸞はこの大乗仏教の理念をきちんと踏まえたうえで、「他力の信心」によって煩悩を抱えたまま涅槃へと至る道を提示したのである。

親鸞の言葉84　聞くこと、信じること

「聞《もん》」はきくといふ、信心をあらはす御《み》のりなり。

『唯信鈔文意』

「聞」は聞くということであり、信心をいい表す言葉のことだ。

「聞」とは聞くこと。聞くことが信じること。仏の呼び声が聞こえることが、信心をいただいたことなのである。これを「聞即信」という。親鸞は「聞」について、阿弥陀仏の本願のいわれを聞き分けて、疑う心のないことだとしている。

「聞く」というのはつねに受動的な行為である。しかし、「聞かせていただく」という思いがなければ聞こえない。もしかすると現代人にとって「耳を澄ませておおいなるものの声を聞く姿勢」は、とても重要なことではないだろうか。

法界寺阿弥陀堂に安置されている阿弥陀如来坐像。平安時代後期の作。国宝

『親鸞の言葉85』他力に任せ、自力を離れる

本願他力《ほんがんたりき》をたのみて自力をはなれたる、これを「唯信《ゆいしん》」といふ。

本願の他力に身を任せて、自力から離れていること。これを唯信という。

『唯信鈔文意』

他力とは阿弥陀仏の本願力のこと。対して自力とは、自力の能力や努力で悟りを開くことだ。

自力でしか往生できないというのであれば、浄土は限られた者だけのものになってしまう。だから阿弥陀の本願に心から身を任せることで往生できると説き、ただひたすら任せることを「唯信」といった。「唯」はただこれ一つという意味で、「信」は疑いのない心のことだ。つまり、迷いのない、ただ一つの心ということでもある。

新潟県上越市の居多ヶ浜に建つ石碑。1207年流罪でこの地に上陸した35歳の親鸞は、ここから念仏の教えを広めようとした決意を述べた。『御伝鈔』に収められた言葉が刻まれている

親鸞の言葉86　不退転になれば即、往生

不退転《ふたいてん》に住《じゅう》すといふは
すなはち正定聚《しょうじょうじゅ》の位に定まると
のたまふ御《み》のりなり。
これを「即得往生《そくとくおうじょう》」とは申すなり。

不退転に住するというのは、
つまり浄土に生まれる身に定まるということ。
これを「即得往生」という。

『唯信鈔文意』

アメリカ・ニューヨークにある浄土真宗の寺「New York Buddhist Church」に建つ親鸞聖人の像。広島で原爆により被爆し、1955年に同地に移設されたという

日常生活においても聞くことのある「不退転」という言葉だが、元は仏教用語の一つだ。文字どおり退転しないこと。それまでの成果を失ったり、戻ることのないさまを表す。

この不退転の状態になると、正定聚の位に定まる。正定聚とは、浄土への往生が決定している念仏者のことをいう。つまりは信心を得て不退転の状態になると、阿弥陀仏の他力によって自動的に往生が決定するということだ。それを「即得往生」という。

親鸞の言葉87

『無量寿経』こそ真実

それ真実の教を顕《あらわ》さば、すなはち『大無量寿経《だいむりょうじゅきょう》』これなり。

真実の教えを明らかにしているもの、
それは『大無量寿経』だ。

『顕浄土真実教行証文類』教文類

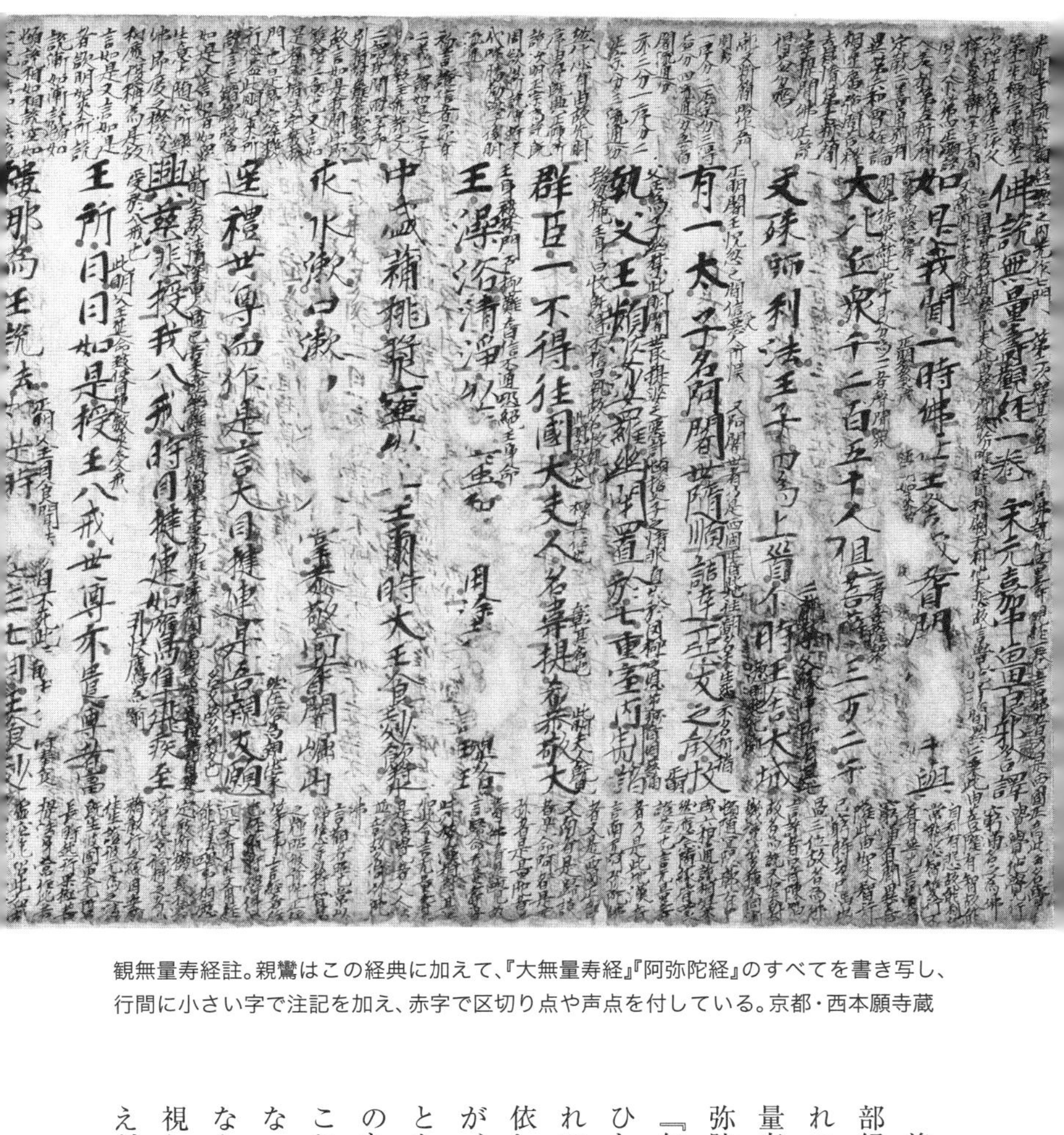

観無量寿経註。親鸞はこの経典に加えて、『大無量寿経』『阿弥陀経』のすべてを書き写し、行間に小さい字で注記を加え、赤字で区切り点や声点を付している。京都・西本願寺蔵

浄土真宗において浄土三部経と呼ばれ最も大切にされている聖典がある。『無量寿経』『観無量寿経《かんむりょうじゅきょう》』『阿弥陀経』の三つだ。

『無量寿経』にはインドのひとりの国王のことが描かれている。のちに仏教に帰依し、法蔵《ほうぞう》と名乗るこの人が、すべてを救う阿弥陀仏となるのだ。法蔵は修行ののち、四十八の大願をたて、これを成就して阿弥陀仏となった。親鸞はこの大願のなかでもとくに十八願を重視した。これこそ真実の教えだと語っている。

親鸞の言葉88 阿弥陀仏の功徳

「帰命《きみょう》」は本願招喚《ほんがんしょうかん》の勅命《ちょくめい》なり。
「発願回向《ほつがんえこう》」といふは、
如来すでに発願して
衆生の行を
回施《えせ》したまふの心《しん》なり。
「即是其行《そくぜごぎょう》」といふは、
すなはち選択本願《せんじゃくほんがん》これなり。

「帰命」とは
阿弥陀如来が私を呼び続け
招かれている本願のことだ。
「発願回向」とは、
如来がすでに発願して
私たちに念仏を行なうよう
施されたということだ。
「即是其行」とは、
選択本願の行が、
私たちが浄土へ往生するための
行だということだ。

『顕浄土真実教行証文類』行文類

© puffyjet

鹿島神宮奥宮。茨城県鹿嶋市宮中。親鸞は『顕浄土真実教行証文類』を執筆していた頃、たびたび鹿島神宮に参詣していたという

阿弥陀仏は、われわれ衆生に対して、われに任せよかならず救う、と呼び続けている。「発願回向」というのは、すでに悟られた仏がその功徳をわれわれへとさし向けて、往生へと導いてくれることだ。これが他力の教えである。

右の文章は「南無阿弥陀仏」の名号を解釈したものであり、親鸞の独自性が端的に表れている。

親鸞の言葉89 阿弥陀仏の御名の働き

いかに
いはんや十方群生海《じっぽうぐんじょうかい》、
この行信《ぎょうしん》に帰命《きみょう》すれば
摂取して捨てたまはず。
ゆゑに阿弥陀仏と
名づけたてまつると。
これを他力といふ。

ましてや、全宇宙の衆生が
この行と信に
いっさいを託すのであれば、
仏は摂《おさ》めとって
捨てられることはない。
そのような働きが
阿弥陀仏という御名に
込められている。
これを他力という。

『顕浄土真実教行証文類』行文類

鹿島神宮内にある「親鸞上人旧跡」。茨城県鹿嶋市宮中。木札には、親鸞が『顕浄土真実教行証文類』執筆のために訪れていたことが書かれている

帰依した者を救って、けっして捨てない（摂取不捨）。これぞ宗教的救済の世界である。そして、他力の教えの道を歩んだ者が見える光景である。

ここでは、「けっして捨てない働きを、阿弥陀仏と名づけた」と述べているところに注目である。仏教体系における救済原理を「阿弥陀」と呼ぶというわけである。「阿弥陀」とは、アミダーバ（限りない光）とアミターユス（限りない生命）という働きから生まれた言葉なのだ。

親鸞の言葉90　阿弥陀仏の往相回向

しかるに煩悩成就《ぼんのうじょうじゅ》の凡夫《ぼんぶ》、
生死罪濁《しょうじざいじょく》の群萌《ぐんもう》、
往相回向《おうそうえこう》の心行《しんぎょう》を獲《う》れば、
即の時に
大乗正定聚《だいじょうしょうじょうじゅ》の数に入《い》るなり。
正定聚に住《じゅう》するがゆゑに、
かならず滅度《めつど》に至る。

あらゆる煩悩を抱え、
生死をくり返す
罪に汚れた限りない
愚かな人たちも、
仏より回向された
信心と称名を獲得すれば、
即座に大乗の
正定聚の数に入る。
そして正定聚の位につくから、
かならず悟りが開けるのだ。

『顕浄土真実教行証文類』証文類

『顕浄土真実教行証文類』の、証巻と通称されるものの冒頭部に記されている一文。ここでもまた、阿弥陀仏の本願力について示されている。

この世に生きているすべての人は等しく愚かで、罪にまみれているが、それでも阿弥陀仏はわれわれを救おうとしてくれている。その本願を信じ、南無阿弥陀仏と称《とな》えれば、即座に往生が決定するのだと。幾度となく説かれていることで、この教えが浄土真宗にとってどれほど重要かがわかるだろう。

鹿島神宮の巨木。茨城県鹿嶋市宮中。『顕浄土真実教行証文類』執筆中の親鸞もこのような風景を眺めたかもしれない

親鸞の言葉91 念仏は修行ではない

念仏は行者のために、
非行《ひぎょう》・非善《ひぜん》なり。
わがはからひにて
行《ぎょう》ずるにあらざれば、
非行といふ。
わがはからひにてつくる
善にもあらざれば、
非善といふ。

念仏は、信心から
これを称《とな》える者にとっては
修行でもないし、善でもない。
みずからの才覚を頼みにして
行なうことではないため、
修行とはいわない。
また、
みずからの意向でつくる
善でもないから、
これを善ともいわない。

『歎異抄』第八条

本寺専修寺如来堂。重要文化財。栃木県真岡市高田にある。親鸞が建立した唯一の寺院であり、専修念仏の根本道場とした聖地。1225年、親鸞53歳頃のことだとされる

『歎異抄』の第八条は、われわれの念仏のイメージを大きく変えてくれる。われわれはついつい「宗教的行為」を自分の善根功徳を積む行ないだと考えてしまう。しかしそれでは自分のはからい中心から離れることはできない。そもそも他力の教えでは、行も信も仏さまからたまわるものなのである。すなわち、自分の能力でどうこうできるものではない。このように、他力の教えに耳を傾けると、従来の「宗教」の概念は揺れることとなる。

親鸞の言葉92 念仏と信心は一体

行《ぎょう》をはなれたる
信はなしとききて候《そうろ》ふ。
また、信はなれたる行なしと
おぼしめすべし。

行と離れた信は
存在しないと私は教わっています。
また、信から離れた行も
存在しないと考えてください。

『親鸞聖人御消息』第七通

本寺専修寺御影堂。国の重要文化財。親鸞等身の像を安置している。
本寺専修寺写真提供

信とは信心、阿弥陀の本願を疑いなく信じること。そして行とは念仏、南無阿弥陀仏と称《とな》えることであり、南無阿弥陀仏という名号のことである。

親鸞は覚信《かくしん》への返事のなかで、その二つは分けて考えるものではなく、一体だと、かつての師匠である法然《ほうねん》から聞きおよんでいると答えている。「まず信心を得よう」だとか、「いや、先に念仏を称えよう」というように別のものとしてとらえるのではないという。

親鸞の言葉93 自然とはそのままあること

「自然《じねん》」といふは、
「自」はおのづからといふ、
行者のはからひにあらず。
「然《ねん》」といふは、
しからしむと
いふことばなり。

「自然」の「自」は
おのずからという意味で、
念仏者の関与するところでは
ないことを意味する。
「然」とは、
そのようにさせておく
という言葉だ。

『親鸞聖人御消息』第十四通

本寺専修寺御影堂に安置されている親鸞聖人像。栃木県の重要文化財。像高は84センチの木造で、親鸞が76歳のときにみずから刻んだと伝わる

　ここから続く四つの言葉は一つながりの言葉になる。この手紙に記されている法語は「自然法爾章《じねんほうにしょう》」といわれ、『正像末和讃』の最後にも書き起こされている。

　ここでいわれる「自然」とは、念仏者のはからい、意図が関与しないことをいう。「自」はおのずから、「然」とはそのようにさせておくという言葉になる。つまり「自然」とは人が手を加えないでいる、そのままの在《あ》り方のことを指す。他力によってそのまま救われていく摂理のことである。

親鸞の言葉94　法爾《ほうに》とは阿弥陀仏の誓い

しからしむといふは、
行者のはからひにあらず、
如来のちかひにてあるがゆゑに
法爾といふ。

そのようにさせておくということは、
念仏者の関与するところではない。
それは如来の誓いなので、法爾という。

『親鸞聖人御消息』第十四通

本寺専修寺内の御廟《ごびょう》。親鸞の遺骨(遺歯9粒とされる)が収められているという

さて、前の言葉から続き、あくまでも自然というものは人の意思や、思惑が関係するものではない、ということを念押ししている。そしてその自然のままであることを、阿弥陀仏の誓いだという。

人の作意が関係しない自然のなか、諸行無常、あるがままに、生きとし生けるすべてのものに阿弥陀仏の功徳が存在し、「そうなって」いることを「法爾」というのだ。いうなれば真理がそこに現れているということだろうか。

親鸞の言葉95 関与しないことが法爾《ほうに》

「法爾」といふは、この如来の御《おん》ちかひなるがゆゑに、しからしむるを法爾といふなり。

「法爾」というのは如来の誓いであるがゆえに、関与するところではないことを法爾というのだ。

『親鸞聖人御消息』第十四通

善光寺本堂。長野市長野元善町。親鸞は常陸(現在の茨城県)に向かう途中、善光寺にしばらく滞在したという。写真提供:善光寺

これもそのまま、一つ前の言葉の続きとなる。前の解説で「法爾」とは何なのか、ということを突き詰めた。そして法爾とはつまるところ阿弥陀仏の誓い、すべての生きとし生けるものに施された功徳だと解釈した。

自然法爾という言葉は、日本の中世においてかなり広まっていたようだ。日本人の精神性を考えるうえで、手がかりとなる用語かもしれない。法然という房号は、自然法爾から取ったとされている。

親鸞の言葉96　御仏の徳に包まれて

法爾《ほうに》は、この御《おん》ちかひ
なりけるゆゑに、
およそ行者の
はからひのなきをもつて、
この法の徳のゆゑに
しからしむといふなり。
すべて、ひとのはじめて
はからはざるなり。

法爾は、この如来の
誓いそのもので、
その徳に包まれることで
念仏者が関与できることは
何一つなくなる。
それをしからしむという。
これがわかって
人は関与しようと
しなくなる。

『親鸞聖人御消息』第十四通

善光寺にある親鸞松。長野市長野元善町。親鸞は善光寺に滞在中、松の木を奉納した。
「親鸞聖人お花松」とも呼ばれる。写真提供：善光寺

長く続いた自然《じねん》と法爾についての味わいもようやく終わりを迎える。ここまで法爾が阿弥陀仏の誓い、真理のようなものだということがわかった。

そして、その阿弥陀仏の徳に包まれることで、人が作意をもって、どうにかしようということが無意味だとわかるのだ。これはつまり他力の教えのことだ。みずからの力では往生できるのではない。阿弥陀仏の本願へとすべてをおまかせすることで、自然に導かれていくのだ。

親鸞の言葉97　自分は愚かだと深く信じよ

二には深心《じんしん》。深心といふは、
すなはちこれ深信《じんしん》の心なり。
また二種あり。
一には、決定《けつじょう》して
〈自身は現にこれ罪悪生死《ざいあくしょうじ》の凡夫《ぼんぶ》、
曠劫《こうごう》よりこのかたつねに没《もっ》し、
つねに流転《るてん》して、出離《しゅつり》の縁
あることなし〉と深信す。

二つには深心。
深心とは深く信じる心だ。
そしてこれには二種類ある。
一つには「自分は今まさに
生死をくり返す世界を
抜け出せぬ、罪深い愚か者で
つねに沈み、つねに流され、
この迷いから抜け出す
手がかりをもたない者だ」と、
深く信じなければならない。

『愚禿鈔』下

善光寺・親鸞聖人爪彫阿弥陀如来。長野市長野元善町。親鸞が滞在中に爪で彫ったと伝わる。目の病に効くという俗信がある。写真提供：善光寺

親鸞の教えについて見てきたなかで幾度となく阿弥陀仏の本願を信じるという言葉が出てきた。ここでは善導《ぜんどう》大師の文章を引用して、深心、つまり深く信じる心について述べている。

自分は愚かな存在で罪深く、しかもこの迷いの世界から抜け出す手がかりももち合わせていないのだ、と深く信じよと説かれているのだ。なかなかに衝撃的といえる。阿弥陀仏を信じると同時に、自分が愚かな存在だと深く信じろというのだから。

親鸞の言葉98　阿弥陀仏を深く信じよ

二には、決定《けつじょう》して
〈かの阿弥陀仏、
四十八願《しじゅうはちがん》をもつて
衆生を摂受《しょうじゅ》したまふ、
疑《うたがい》なく慮《おもんばか》りなく、
彼《か》の願力に乗ずれば、
さだめて往生を得《う》〉
と深信《じんしん》せよ

『愚禿鈔』下

二つには、かの阿弥陀仏の
四十八願は世の人々を
救い取ってくれるのだから、
それを疑う気持ちも
ためらいも捨て、
阿弥陀仏の本願に身を任せること。
すると間違いなく
浄土へと生まれることができると、
いっぺんの疑いもなく深く信じよ、
ということだ。

© まりーな /PIXTA

佛光寺。真宗佛光寺派本山。京都市下京区新開町。流罪で越後にいた親鸞は、1212年に京都に戻り、山科に草庵を結んだという。この草庵が佛光寺の始まりだと伝えられる

けっして迷いの世界から脱け出せない自分が見えると同時に、間違いなく本願に救われる自分が見える。往生は間違いないと深く信じなさいと説かれている。

冒頭にも記したが、前の言葉と合わせて一つの文章となる。これが二種深信（97が「機の深信」、98が「法の深信」という）である。これこそ他力の信心の内実である。親鸞の信心を理解するのに欠かせない部分だ。

親鸞の言葉99　不協和音すら調和する

清風宝樹《しょうふうほうじゅ》をふくときは
いつつの音声《おんじょう》いだしつつ
宮商和《きゅうしょうわ》して自然《じねん》なり
清浄勲《しょうじょうくん》を礼《らい》すべし

清らかな風に宝樹が吹かれるとき、
五つの音が流れ出る。
宮や商などの音が調和してきれいな音を奏《かな》でている。
この清浄な音を奏でてくれる阿弥陀仏を、敬い尊ぶのだ。

三帖和讃『浄土和讃』讃阿弥陀仏偈讃

高野山奥の院にある親鸞の墓

親鸞は声明《しょうみょう》（経典などを節をつけて読誦する技法）に長《た》けていたという説がある。この和讃には、親鸞が音楽に親しんでいた様子がうかがえる。

五音音階というものがある。雅楽や声明に使われるもので、宮と商はそのうちの二つの音階だ。この二つは不協和音を奏でるのだが、浄土ではぶつかり合うはずの音も調和して見事な音を奏でている。それはつまり阿弥陀仏の功徳によるもの。他力のすばらしさを説いた美しい和讃だ。

『親鸞の言葉100』悟りは阿弥陀仏のもとで

浄土真宗には、今生《こんじょう》に本願を信じて、かの土《ど》にしてさとりをばひらくとならひ候《そうろ》ふぞ。

浄土真宗においては、この世にあるときに阿弥陀仏の本願を信じて、浄土に生まれて初めて悟るのだ、と法然上人に教わっている。

『歎異抄』第十五条

ここでいう「浄土真宗」とは、今日の宗派名ではない。浄土の真宗の教えという意味である。今生で信心を得て往生が定まり、浄土で悟りを開き、仏と成って人々を救うためにこの世界へ戻ってくる。この壮大な道筋こそ浄土の真実の教えなのである。

これは念仏者が歩む道のお話であるが、このような大きな世界があるからこそ、今生が相対化できるのだ。阿弥陀仏のような存在があるから、自分が相対化できるのである。

報仏寺の本尊・阿弥陀如来立像。茨城県水戸市河和田町。報仏寺は親鸞の弟子で『歎異抄』を書いたという唯円が開いた寺だとされる

親鸞関連年表

和暦	西暦	年齢	できごと
承安三	1173	1	松若丸（親鸞）誕生
安元元	1175	3	源空（法然）が専修念仏を唱える
養和元	1181	9	慈円のもとで得度し、比叡山に入る
文治元	1185	13	壇ノ浦で平氏が滅亡
建久三	1192	20	源頼朝が征夷大将軍になる
建久九	1198	26	源空（法然）が『選択本願念仏集』を著わす（諸説あり）
建仁元	1201	29	六角堂に参籠。救世観音の夢告により法然の門下となる
元久二	1205	33	法然から『選択本願念仏集』の書写を許される
建永元	1206	34	この頃、長男善鸞が誕生との説もある
承元元	1207	35	承元の法難。越後に流罪となる
建暦元	1211	39	恵信尼との間に息男信蓮誕生。11月赦免される

建暦二	1212	40	この頃、関東に向かったと考えられる
建保二	1214	42	この頃、常陸国稲田(現在の茨城県笠間市)の草庵に移る
承久二	1220	48	山伏の弁円と出会い改心させる
承久三	1221	49	承久の乱
元仁元	1224	52	息女覚信尼誕生。主著『教行信証』の草稿ができあがったとされる
文暦元	1234	62	この頃、帰京する(諸説あり)
仁治元	1240	68	唯円が弟子になる
宝治二	1248	76	『浄土和讃』『浄土高僧和讃』を著わす
建長二	1250	78	『唯信鈔文意』を著わす
建長四	1252	80	『浄土文類聚鈔』を著わす
建長七	1255	83	『尊号真像銘文』『浄土三経往生文類』『愚禿鈔』を著わす。
康元元	1256	84	長男善鸞を義絶。東国に大風と洪水で死者が多数出る
正嘉元	1257	85	『一念多念文意』を著わす。鎌倉大地震
正嘉二	1258	86	『正像末和讃』を著わす。全国で大飢饉が起こる
弘長二	1262	90	入滅

監修　釈《しゃく》 徹宗《てっしゅう》

如来寺住職、相愛大学教授。1961 年、大阪府生まれ。龍谷大学大学院博士課程、大阪府立大学大学院博士課程修了。NPO法人リライフ代表も務め、認知症高齢者のためのグループホームも運営する。専門は比較宗教学。NHK『100 分 de 名著』の「歎異抄」の回では解説者を務め好評を博した。著書は『法然親鸞一遍』(新潮社)、『仏教ではこう考える』(学習研究社) など多数。

主要参考文献（順不同）

『100 分 de 名著「歎異抄」』釈徹宗 著（NHK 出版）
『法然親鸞一遍』釈徹宗 著（新潮社）
『浄土真宗聖典 註釈版 第二版』教学伝道研究室 編（本願寺出版社）
『浄土真宗聖典 顕浄土真実教行証文類 現代語版』浄土真宗聖典編纂委員会 編（本願寺出版社）
『浄土真宗聖典 親鸞聖人御消息 恵信尼消息 現代語版』教学伝道研究室 編（本願寺出版社）
『浄土真宗聖典 歎異抄 現代語版』浄土真宗聖典編纂委員会 編（本願寺出版社）
『浄土真宗聖典全書 第二巻 宗祖篇』教学伝道研究室 編（本願寺出版社）
『別冊宝島2466 親鸞聖人の生き方』川添泰信 編集協力（宝島社）
『親鸞全集 第 1 巻 教行信証 (上)』石田瑞麿 訳（春秋社）
『親鸞全集 第 2 巻 教行信証 (下)』石田瑞麿 訳（春秋社）
『親鸞全集 第 3 巻 愚禿鈔・如来二種廻向文 他』石田瑞麿 訳（春秋社）

親鸞《しんらん》 100の言葉《ことば》

2017年1月27日　第1刷発行
2022年4月19日　第2刷発行

監修　釈 徹宗
発行人　蓮見清一
発行所　株式会社 宝島社
〒102-8388
東京都千代田区一番町25番地
編集03-3239-0928
営業03-3234-4621
https://tkj.jp
印刷・製本　サンケイ総合印刷株式会社

ISBN978-4-8002-5926-4